Cartes sur table

René Richterich   Brigitte Suter

exercices
complémentaires

HACHETTE
français langue étrangère

Ce cahier vous propose un ensemble de 178 exercices,
écrits et oraux, complémentaires à Cartes sur table
pour débutants.

A chaque unité du livre correspondent dix à quinze
exercices qui couvrent les quatre aptitudes (compré-
hension et expression orales et écrites) et portent :
- soit sur le renforcement d'un problème linguisti-
  que : exercer des formes syntaxiques, enrichir le
  lexique ;
- soit sur une pratique de la communication : diffé-
  rentes exploitations des bandes dessinées du livre illustrant les actes de parole sont proposées ;
- soit sur l'utilisation des techniques d'apprentis-
  sage : comment apprendre à comprendre un texte, à
  repérer les mots importants, à deviner le sens
  des mots inconnus ou à découvrir une règle par
  l'observation.

Ces exercices sont prévus comme activité de classe ;
toutefois certains peuvent être faits individuellement. A vous et à votre enseignant de décider ensemble de ce que vous voulez faire et comment vous
voulez le faire.

A la fin du cahier, des corrigés sont proposés pour
la plupart des exercices que l'apprenant peut faire
individuellement.

Dessins de :

Amalric : 48 / F. Jackson : 6, 12, 22, 26, 45, 46, 52, 58, 64, 65 /
Plantu : 39, 56, 79 / J. Schatzberg : 63 / P. Woolfenden : couverture,
4, 8, 14, 15, 29, 32, 35, 38, 44, 45, 55, 57, 66, 72, 77, 80.

© HACHETTE 1984 - 79, boulevard Saint-Germain - F 75006 PARIS

ISBN 2-01-010163-4

unité	grammaire	communication	apprentissage	aptitudes	thèmes
1 livre pp.8-15 guide pp.16-18 cahier pp. 4-5	Article défini : le, la, l', les.　　4 - 8 Article indéfini : un, une, des.　　5 Les nombres. L'infinitif et la 2e pers. du pluriel de l'impératif.　3	Saluer – Prendre congé.　1 - 2 Se présenter. Se débrouiller pour dire pourquoi on apprend le français.	Découvrir comment utiliser le livre. Reconnaître des mots internationaux.　6	Compréhension orale. Production orale. 6 - 7	Faire connaissance. Pourquoi apprendre le français. Découvrir le livre.
2 livre pp.16-23 guide pp.19-21 cahier pp. 6-9	Interrogation. 　　1 - 8 - 9 - 12 - 13 Présent de l'indicatif : 1ère et 3e pers. du singulier. 　　3 - 4 - 10 - 14 Féminin des adjectifs qualificatifs.　5 - 6 Adjectif interrogatif : quel, quelle.　8	Demander et donner une information. 　　2 - 7 - 8 Se débrouiller pour faire connaissance.	Découvrir comment utiliser le livre. Par l'observation, la comparaison, découvrir une règle. 10	Production orale. 1	Faire connaissance. Parler de soi et des autres. 5 - 7 Découvrir le livre.
3 livre pp.24-31 guide pp.22-25 cahier pp. 10-12	Négation : ne...pas. 　　1 - 2 - 3 - 4 L'article partitif : du, de, de la, des, pas de. 　　6 - 7 - 10	Proposer quelque chose. 8 Accepter ou refuser.　8 Demander et donner une information.　5 - 8 Dire qu'on ne sait pas. Se débrouiller dans la situation du restaurant pour appeler, commander, réclamer.	Apprendre à comprendre globalement un texte. Faire le point de l'apprentissage.	Compréhension orale. Production orale. 4	Titres de journaux. Situations de la vie courante. 8 Le restaurant. 9

unité	grammaire	communication	apprentissage	aptitudes	thèmes
4 livre pp.32-39 guide pp.26-27 cahier pp.13-16	Passé composé. 2 - 3 - 4 - 5 imparfait, 1ère et 3e pers. du singulier 2e pers. du singulier des verbes. 3 Noms de pays. 1 - 2	Raconter. 5 Demander une information. 3 - 4 Exprimer une opinion. Proposer - Accepter ou refuser. 7	Apprendre à comprendre un texte sans s'arrêter à chaque mot inconnu. 6-8 Apprendre à enrichir son vocabulaire par l'associa- tion d'idées et la reconnaissance des analogies et différences entre certains mots de langues différentes. 8	Compréhension orale. Production orale. 2 - 3 - 4 - 5 Compréhension écrite. 8	Les événements du monde et les événements vécus par les individus. 5 Les souvenirs personnels.
5 livre pp.40-47 guide pp.28-29 cahier pp.17-21	Passé composé et imparfait. 1 - 2 - 3 - 7 - 8 - 9 - 10 Adjectif possessif : mon, ma, mes. 4 Son, sa. 5 - 6	Récapitulation. 11	Comment découvrir une règle par l'obser- vation, la comparaison, la déduction. Faire le point de l'apprentissage. 11	Compréhension écrite. 6	Un roman en bande dessinée. 2 Les souvenirs. 3
6 livre pp.48-55 guide pp.30-31 cahier pp.22-30	Pronoms personnels : le, la, l', les. 1 - 2 - 3 - 4 Féminin des adjectifs qualificatifs. 13 - 14 Expressions du lieu. 8 - 11 - 12 - 17 Temps du passé. 18	Décrire. 15 - 16 Demander une information. 3 - 16	Comment repérer les mots importants d'un texte écrit ou oral. 6 - 12	Compréhension écrite. 12 Compréhension orale. 11 Expression écrite. 5 - 7 - 8	Slogans publicitaires. Différents types de texte : carte postale, télégramme, règle de grammaire, notice. 7 - 8 - 9 La maison. 8 - 10 - 11 - 15 - 17

	Grammaire	Fonctions	Objectifs	Évaluation	Thèmes
7 livre pp.56-63 guide pp.32-34 cahier pp.31-37	Pronoms personnels : moi, toi... Adjectifs démonstratifs : ce, cet, cette, ces. 3 – 4 Futur des verbes. 5 – 14 Négation : ne... plus. 9 – 10	Exprimer une opinion – Demander de justifier – Approuver – Désapprouver. Exploiter tous les moyens à sa disposition pour exprimer une opinion. 1 – 2 – 7 – 8 – 11	Que faire pour comprendre des mots inconnus. Par l'observation, la comparaison, la déduction, découvrir une règle.	Production orale. 2 – 4 – 7 – 8 Compréhension écrite. 1 Expression écrite. 6 – 12 – 13	2 types de dessins très différents pour l'expression de l'opinion. Critique de cinéma, théâtre, concert, etc. Les bonnes résolutions pour l'avenir. Les goûts et activités des autres.
8 livre pp.64-71 guide pp.35-37 cahier pp.38-43	Conditionnel des verbes. 1 – 3 – 4 – 5 – 10 Pronoms personnels : il, elle... le, la... 10 – 11	Demander et donner une information. Parler pour établir un contact. 3	Découvrir une règle par l'observation et la comparaison. 5 – 9 Apprendre à lire des textes de types différents. 12 Apprendre à mener une conversation. 3 – 4 – 6 – 7	Compréhension écrite. 9 – 12 Production orale. 2 – 3 – 4 – 6 – 7 Expression écrite. 13	Qu'est-ce que vous emporteriez en cas d'incendie ? Conversations courantes. Ce qu'on peut lire dans la rue. 8 – 9
9 livre pp.72-79 guide pp.38-39 cahier pp.44-49	Pronoms personnels : je te, tu me... 4 – 5 – 7 – 8 – 14 Expressions du lieu. 12 Adjectifs. 10	Demander une information – Donner une information – Dire qu'on ne sait pas. Proposer – Accepter – Refuser – Exprimer une opinion. 2 – 9 Ordonner de faire – Accepter. 3	Comment écouter et comprendre des textes de types différents.	Compréhension orale. Production orale. 1 – 2 – 3 Compréhension écrite. 13 Expression écrite. 6 – 12	Conversations courantes. 12 Textes de types différents. La France et le pays des apprenants. 10 – 11

unité	grammaire	communication	apprentissage	aptitudes	thèmes
10 livre pp.80-87 guide pp.40-41 cahier pp.50-52	Verbes pronominaux. 1 - 2 - 3 - 4 Conditionnel des verbes. 5 Expressions du temps et du lieu. 1 - 2 - 3 - 4 - 7	Raconter - Exprimer un sentiment. 2 - 6 Utiliser tous les moyens à disposition pour raconter ou discuter d'un problème.	Comment réagir lorsqu'on ne comprend pas. 8 Faire le point de l'apprentissage, par l'autoévaluation.	Compréhension orale. 1 Production orale. Compréhension écrite.	La journée de Mlle Bu, texte authentique enregistré. 1 - 2 Comparaison entre les us et coutumes de différents pays.
11 livre pp.88-95 guide p.42 cahier pp.53-62	Pronoms personnels : le, la... 5 Féminin des noms de profession. 1 - 4 Expressions du temps et du lieu. 10 - 11 Différents temps des verbes. 7 Conditionnel. 14	Exprimer et justifier une opinion - Approuver ou désapprouver. 2 - 6 Donner une information - Exprimer une opinion - Demander une information. 5 - 8	Comment lire un texte d'une certaine longueur. Comment apprendre à comprendre globalement un texte oral. 12	Compréhension écrite. Production orale. 5 - 6 - 7 - 8 Compréhension orale.	Parler des autres. 2 - 3 - 9 - 13 Début de roman.
12 livre pp.96-103 guide pp.43-44 cahier pp.63-67	Conditionnel des verbes. 2 Expressions du lieu. 5 - 9 de la quantité : du, de la... pas de. 3 - 4	Demander de faire - Accepter - Refuser. 8 Comment réagir dans des situations de la vie courante. 9	Comment lire un texte utilitaire et un texte poétique. Comment apprendre à comprendre oralement. 9 - 10	Production orale. 2 - 3 - 6 Compréhension orale. 9 - 10 Compréhension écrite. 7 Expression écrite. 2	Situations de la vie courante. 1 - 6 - 7 Textes poétiques. 11 Thème de l'eau. 2

	Grammaire	Savoir-faire	Objectifs	Compétences	Thèmes
13 livre pp.104-111 guide p.45 cahier pp. 68-72	Futur des verbes. 1 – 2 – 3 – 4 Interrogation avec mots interrogatifs. 4 La cause et la conséquence. 8	Proposer – Accepter – Exprimer une opinion. 10 Refuser – Demander de justifier – Justifier. Donner une information –9 Utiliser tous les moyens disponibles pour proposer, discuter, organiser une activité.	Comment lire un texte pour en dégager les informations importantes. 5	Production orale. 4 Production écrite. 1 – 2 – 3 – 7 – 10 Compréhension écrite. 6	Organisation d'une manifestation. La France touristique. Le tourisme dans le pays des apprenants. 6 – 7
14 livre pp.112-119 guide pp.46-47 cahier pp. 73-78	Expressions du lieu et de la quantité. 2 Les nombres. 5 La comparaison. 6 – 8 – 9 – 10 – 11 L'imparfait. 7	Justifier – Approuver – Désapprouver. 12 Exprimer un sentiment – Demander une information – Approuver.	Comment apprendre à lire et à écouter des textes qui paraissent difficiles.	Compréhension orale. 1 – 15 Compréhension écrite. Production orale. 4 – 14 Production écrite. 3 – 10 – 13	La francophonie. 2 Interviews de personnes francophones. Produits de différents pays francophones. 4 – 11 Textes littéraires.
15 livre pp.120-127 guide p.48 cahier pp. 79-83	Comparaison. 6 Cause et conséquence. But. 4	Exprimer une opinion ou un sentiment – 5 – 6 Approuver – Désapprouver.	Prendre conscience des motivations. Découvrir comment on peut continuer à apprendre le français. Auto – évaluation 2 – 3	Compréhension écrite. 7 Production orale. 1	Comment continuer à apprendre le français. Quelles sont les possibilités dans le pays de l'apprenant. Thème du changement. Opinions sur les Français et le français. 1 – 7

1

1 Saluer

💬 <u>Dites.</u>

Bonjour !   Salut !
Bonjour Anne ! Bonjour...   Salut François ! Salut...
Bonjour Madame !   Au revoir !
Bonjour Monsieur !   Au revoir !

Ecrivez dans les bulles. 💬 Par deux.

2 Se présenter

💬 <u>Dites.</u>

Isabelle.   Mon nom est Isabelle.
Isabelle Dulac !   Mon nom est François.
Je m'appelle Isabelle.   Je m'appelle Isabelle Dulac.
Je m'appelle François.   Je m'appelle François Girard.

Ecrivez dans les bulles. 💬 Par deux.

3 <u>Ecrivez.</u>

Regardez l'exemple.   ⟶ *Regar<u>der</u> l'exemple.*
1 Répétez les mots.   ⟶ Répéter les mots
2 Ecoutez la cassette.   ⟶ Ecouter la casette
3 Apprenez les mots.   ⟶ Apprendre les mots
4 Indiquez les noms.   ⟶ Indiquer les noms
5 Lisez l'exemple.   ⟶ Lire l'exemple
6 Saluez quelqu'un.   ⟶ Saluer quelqu'un (alqueu)
7 Ecrivez les phrases.   ⟶ Ecrire les phrases
8 Répétez les phrases.   ⟶ Répéter les phrases.

1

4 Ecrivez des noms de pays. Trouvez l'article.

Exemples : *La Suisse - La Hollande - Le Canada -* ~~La France - L'Espagne -~~
~~L'Allemagne - Le Japon - La Chine - La Belgique - Le Portugal - La Turquie -~~
~~L'Italie - la Grèce - les États Unis - L'Angleterre - Les Pays Bas -~~
~~L'Algérie - Le Canada - la Hollande - Le Brésil - Le Pérou - Le Maroc - la~~

5 Regardez le menu page 28. Trouvez l'article. Un ou une ? Demandez au
professeur, cherchez dans l'index ou dans un dictionnaire.

~~Suède -~~
~~L'Autriche -~~
~~la Bulgarie -~~
~~L'Australie~~
~~le Luxembourg~~

Exemple : salade de tomates $\longrightarrow$ *Une* salade de tomates.

6 Lisez les dialogues.

A la réception de l'hôtel
- Monsieur ?
- Bonjour monsieur.
- Le bar, s'il vous plaît ?
- A gauche. ~~(A la izda)~~
- Merci.

~~Devant (Delante)~~
~~Derrière (Detrás)~~

Au bar
- Un café, s'il vous plaît.
- Un café !
- Voilà monsieur. 2,40 F. ~~deux francs~~
- S'il vous plaît, répétez. ~~quarante~~
- 2,40 F. Anglais ? ~~Suédois (sueco)~~
- Non, Américain.

~~s'il te plaît (por favor, tuteando)~~

- Madame ?
- Bonjour monsieur ~~[t]~~.
  Le restaurant, s'il vous plaît ?
- A droite. ~~(a la drcha)~~
- Merci.

- Madame ?
- La carte, s'il vous plaît.
  Un steak, une salade.
- Un steak, une salade !
  Voilà madame. Américaine ?
- Non. Suédoise. ~~(sueca)~~
- Touriste ?
- Non. Etudiante.

~~carte → carta (naipe)~~
~~lettre → carta (escribir)~~
~~une carte postale~~

7 Par deux, jouez des dialogues.

Le bar / le restaurant / les taxis, s'il vous plaît
A gauche / à droite
Un café / un thé / un chocolat / un steak / une salade / une pizza / ...
Hôtel Europe / hôtel Zanzibar / hôtel... / Ecole Boulier / école / ...
2,40 F / 1,10 F / 10 F / ...
Anglais / anglaise ? / américain, américaine ? / suédois, suédoise ? /
espagnol, espagnole ? / allemand, allemande ? /
Touriste ? / Etudiant ? / Etudiante ? /

8 Reliez les mots par une flèche.

lire .
saluer .
répéter .
oublier .
écrire .
comprendre .
apprendre .

. les études
. les mots
. la cassette
. le garçon
. la grammaire
. les noms
. le professeur
. le tennis
. la page
. le français

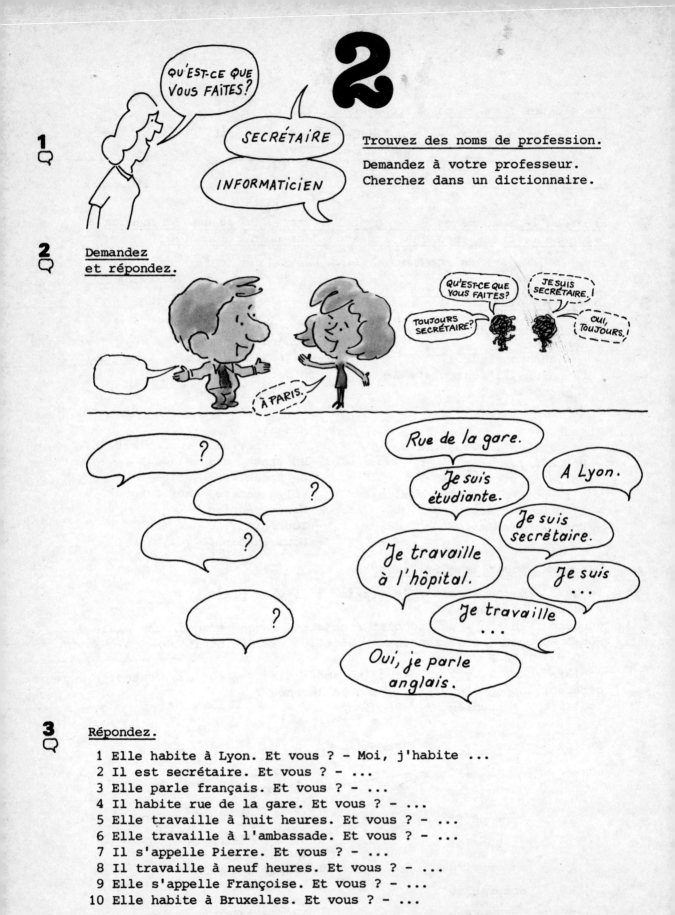

Trouvez des noms de profession.

Demandez à votre professeur.
Cherchez dans un dictionnaire.

3 Répondez.

1 Elle habite à Lyon. Et vous ? - Moi, j'habite ...
2 Il est secrétaire. Et vous ? - ...
3 Elle parle français. Et vous ? - ...
4 Il habite rue de la gare. Et vous ? - ...
5 Elle travaille à huit heures. Et vous ? - ...
6 Elle travaille à l'ambassade. Et vous ? - ...
7 Il s'appelle Pierre. Et vous ? - ...
8 Il travaille à neuf heures. Et vous ? - ...
9 Elle s'appelle Françoise. Et vous ? - ...
10 Elle habite à Bruxelles. Et vous ? - ...

2

4 <u>Ecrivez les réponses. Phrases 1,2,3,4,5,6,7.</u>

5 <u>Trouvez des adjectifs. Cherchez page 19 du livre, dans un dictionnaire.</u>

Vous êtes	Elle est		Il est	Vous êtes
...	brune		blond	...
...	grande		grand	...
...	gaie		doux	...
...	...		...	...
...	...		...	

6 <u>Ecrivez.</u>

Exemple :
Elle est jeune, blonde et grande. ⟶ *Il est jeune, blond et grand.*

1 _____ ⟵ Il est riche, intelligent, très
_____   jeune.

2 _____ ⟵ Il est beau, romantique et tendre.
_____

3 Elle est brune, affectueuse. ⟶ _____
_____

4 Elle est brune, sensible et douce. ⟶ _____
_____

5 Elle est joyeuse, idéaliste et ⟶ _____
très bonne. _____

7 <u>Lisez les fiches. Donnez les informations sur les personnes.</u>

Nom : Marchand
Prénom : Jacques
Nationalité : Suisse
Profession : Professeur
Adresse : 3 place d'Italie,
Genève.

Nom : Verret
Prénom : Paul
Nationalité : belge
Profession : garagiste
Adresse : 4, place de
la gare - NAMUR

Nom : Barrois
Prénom : Mireille
Nationalité : française
Profession : vendeuse
Adresse : 4, rue La Fontaine
Besançon

Il s'appelle...

8 **Par groupes de deux,**
cherchez des mots pour : demander ⟨ donner une information
une information ⟨ demander une information

Exemples :

Vous travaillez à quelle heure ? ⟨ *Et vous ?*
A huit heures.
A neuf heures.
A treize heures.
A deux heures.
...

Vous regardez le film ? ⟨ *Oui.*
Quel film ?

1 Vous comprenez l'exemple ? ⟨ ...
...

2 Où est la pharmacie ? ⟨ ...
...

3 Vous faites l'exercice ? ⟨ ...
...

4 Vous regardez... ⟨ ...
...

5 Vous écoutez... ⟨ ...
...

9 **Ecrivez les questions.**

Exemple : A Saint - Michel . — → *Vous allez où ?*
→ *Vous travaillez où ?*
→ *...*

1 A cinq heures. — Vous travaillez à quelle heure?

2 A Paris. — Vous habitez où?

3 Je suis étudiant(e). — Qu'est-ce que vous faites?

4 A l'hôpital. — Vous travaillez où?

5 Elle est ingénieur. — Quelle est sa profession?

6 Je parle français. — Tu parles quelles langues?

Qu'est-ce que vous parlez?

2

10 Lisez les phrases. Qu'est-ce que vous remarquez ?

1 Trouvez un exemple. Trouvez cinq exemples.
2 Ecrivez un nom de pays. Ecrivez dix noms de pays.
3 Trouvez la question. Trouvez les questions.
4 Lisez la phrase. Lisez les phrases.
5 Ecrivez la réponse. Ecrivez les réponses.
6 Regardez le bilan page 23. Regardez les bilans pages 23 et 31.
7 Faites l'exercice page 23. Faites les exercices page 25.

[handwritten: Singulier - Pluriel / bilan - balance, resumen.]

11 Ensemble, trouvez des mots, des expressions.

a) Exemple : j'écoute ... *le professeur / la question / la cassette /*
la phrase / quelqu'un / ... *[handwritten: le vocabulaire → alguien]*

1 J'apprends *[hw: français, la grammaire]*
2 Je regarde *[hw: quelqu'un, le magasin]*
3 Je lis *[hw: le livre, le journal]*
4 J'écris *[hw: les notes, une lettre]*
5 Je répète *[hw: les mots]*
6 Je fais *[hw: la phrase]*
7 Je continue ... *[hw: la leçon, la course, la route]*
8 Je travaille à *[hw: Paris, à l'usine]*
9 Je repère *[hw: des choses]*
10 Je comprends *[hw: la question, la langue]*

[handwritten: Repérer → localizar, reparar en algo, darse cuenta]

b) Ecrivez les réponses.

12 Répétez après le professeur.

Qu'est-ce que vous faites ?   Qu'est-ce que vous lisez ?
Vous comprenez ?   Quel cinéma ?
Qu'est-ce que vous comprenez ?   Quelle profession ?
Qu'est-ce que vous remarquez ?   A quelle heure ?
Vous allez où ?

13 Posez la question.

Exemple : Mon nom ? Versant. ⟶ *Quel est votre nom ?*

1 Moi ? secrétaire. *[hw: Qu'est-ce que vous faites ? Quelle est votre profession ?]*
2 Moi ? j'habite à Paris. *[hw: Vous habitez où ?]*
3 A l'hôpital, je travaille à l'hôpital. *[hw: Vous travaillez où ?]*
4 Qu'est-ce que je remarque ? Un s au pluriel. *[hw: Qu'est-ce q. vous remarquez ?]*
5 La cassette, j'écoute la cassette. *[hw: Qu'est-ce que tu écoutes ?]*
6 Mon professeur de français. *[hw: Qui est (lui) ? Quel professeur ?]*
7 Au cinéma Palace. *[hw: Où est-ce que tu vas ? A quel cinéma tu vas ?]*
8 A deux heures. *[hw: Nous arrivons à quelle heure ? A quelle heure commence le film ?]*

14 Lisez.

> Monsieur Ramirez est Espagnol. Il est célibataire. Il habite
> à Barcelone. Il travaille à la banque Rimenez. Il commence
> à neuf heures. Il apprend le français pour sa profession.

Choisissez quelqu'un du groupe. Ecrivez.

Madame ..., Monsieur est ...

3

1 Ecoutez l'exercice 12. Répétez après le professeur.

Je ne comprends pas.   Je ne continue pas.
Je ne sais pas.   Je ne répète pas.
Je n'écoute pas.   Je ne sais pas.
Je ne trouve pas.   Je ne comprends pas.

2 Regardez l'exemple et écrivez.

grand → *Il n'est pas grand. Il est petit.*

sympathique → *Il n'est pas sympathique.* joli → *Il n'est pas joli. Il est laid*
Il est antipathique
riche → *Il n'est pas riche. Il est pauvre* joyeux → " " *joyeux. Il est triste*

jeune → " " *jeune. Il est vieux* intelligent → *Il n'est pas intelligent.*
Il est stupide
bête

3 Répondez.

Exemple : Il est malade ? ⟶ *Non, il n'est pas malade.*

Vous venez ?   Vous savez ?
Vous comprenez ?   Vous trouvez ?
Vous êtes français ?   Il est sympathique ?
Elle est jeune ?   .   Vous lisez ?

4 Par deux, complétez les dialogues. Cherchez les phrases dans la liste.

Exemple :
A. Je n'aime pas Dupont.   5 A. Non, Barbara n'est pas anglaise.
B. Pourquoi ?   B. Ah, non ?
A. Il n'est pas sympathique.   A. Non.
B. *Mais si, il est sympathique.*   B. ...

1 A. Ce n'est pas français.   6 A. Il n'est pas très sportif.
  B. ...   B. ...

2 A. Vous faites l'exercice 24 ?   7 A. Elle n'est pas malade ?
  B. Oui.   B. Non, pourquoi ?
  A. C'est facile ?   A. Elle ne travaille pas.
  B. ...   B. ...

3 A. Elle n'est pas blonde, Marie. 8 A. Elle n'est pas très belle.
  B. ...   B. ...

4 A. Il ne comprend pas.
  B. ...

Liste   . Et vous, vous comprenez ?   . Mais si.
        . *Mais si, il est sympathique.*   . Mais si, c'est français.'
        . Oh si, elle est très jolie.   . Elle est à Londres.
        . Non, ce n'est pas facile.   . Non, elle est brune.
        . Elle est de quelle nationalité ?

3

5 Cherchez dans votre livre (pages 17,21,27) comment dire pour :

donner une information _____

_____

demander une information _____

_____

dire qu'on ne sait pas _____

_____

Ecrivez. Comparez vos réponses.

6 Répondez.

Exemples : De la bière ?   - *Ah non, je n'aime pas la bière.*
             Du poisson ?   - *Ah non, je n'aime pas le poisson.*

De la bière ?   Des frites ?   Du fromage ?   Du lait ?   De la salade ?
Du poisson ?   Des haricots ?   Des glaces ?   Du poulet ?

7 Trouvez la question.

Exemple : Non merci, je n'aime pas les légumes.
          ⟶ *Vous voulez des légumes ?* ou *Des légumes ?* / *Des haricots ?*

Non merci, je ne prends pas de vin. | Non, je n'aime pas le poisson.
Non merci, je n'aime pas les fruits. | Non, je ne prends pas de fromage.
Non merci, je n'aime pas la salade. | Je n'aime pas les yaourts.
Non, je ne prends pas de pâté.

8 Reliez par une flèche.

Ils disent :

Ils parlent pour :
1 saluer
2 se présenter
3 demander une information
4 dire qu'ils ne savent pas
5 donner l'information
6 proposer
7 accepter
8 refuser

Toujours.

Je ne sais pas.

Vous habitez où ?

Non merci, pas de glace.

Non merci, je ne fume pas.

Qu'est-ce que vous faites ?

Mon nom est Garnier.

Bonsoir madame.

À Londres.

Je m'appelle Françoise.

A trois heures.

Moi aussi.

La gare, la gare... ?

Où est la gare, s'il vous plaît ?

Oui, donnez-moi du poisson.

Vous voulez du café ?

9 💬 Cherchez les mots étrangers.

Restaurant du Lion d'or

20, RUE LÉONARD DE VINCI, BLOIS 41000.
TÉL. : 16.54.01.27.36.

ENTRÉES		
salade de mots		8,50
œuf mayonnaise		5,50
pâté de campagne		11,00

VIANDES		
la côte de porc		22,50
l'ingénieur		33,00
le poulet de sport		25,00
l'escalope de veau		31,00
le bilan des unités		

POISSONS		
truite aux cassettes		26,00
exercices de sole à la crème		31,50
tous nos avions sont servis avec les verbes :		
pommes frites, vacances vertes, ou salade		

FROMAGES		
camembert sportif		9,50
yaourt intelligent		3,50

DESSERTS		
conjugaison aux pommes		11,00
cinéma caramel		8,00
pays		10,00
corbeille de professions		7,50

10 💬 Exemple : touristes / neige
                        1   2

*1 Des touristes
mais pas de neige.*

*2 De la neige
mais pas de touristes.*

<u>Et vous ? Choisissez.</u>
<u>Imaginez les situations.</u>

hôtels / clients
ordinateurs / informaticiens
écoles / élèves
idées / argent
soleil / vacances
vin blanc / vin rouge
...

Née aux États-Unis en 1946, Carol Dunlop a vécu d'abord au Québec, puis en France, où elle a achevé ses études de littérature.

Né en 1914 à Bruxelles de parents argentins, Julio Cortázar a passé son enfance et son adolescence en Argentine. Enseignant, puis traducteur, il vit depuis plus de trente ans en France.

1 Relevez tous les noms de pays et complétez le tableau.

2 L'Italie en Equateur

L'équipe nationale d'Italie, championne du monde 1982, affrontera l'Equateur en match amical au mois de juin à Quito.

Tribune *Le Matin* Lausanne, 4 février 1984.

3

Or, le premier match du tournoi olympique doit opposer, dès mardi, les Etats-Unis au Canada. Une rencontre pourrait avoir lieu dimanche entre dirigeants américains et canadiens pour régler ce différend à l'amiable.

5 GC en Amérique

Deux jours après son arrivée en Amérique centrale, pour une tournée de trois semaines, Grasshopper a remporté son premier match.

La Pologne, l'Italie, l'Autriche et la Norvège songeront surtout à préparer, à travers ce tournoi olympique, le Championnat du monde du groupe B 1985, qui se déroulera à Fribourg. La Norvège, quatrième du Championnat du monde du groupe B, a obtenu sa qualification à la faveur de sa victoire sur la Hollande, première équipe est engagée à Sarajevo, il s'agit de la Yougoslavie, pays organisateur.

le, la, les, l' + nom de pays	en, au, aux + nom de pays

Avec les renseignements suivants, imaginez la vie de Gloria Cobe.

Naissance : Chili

Etudes : Etats-Unis, Angleterre

Profession : Interprète
(Rome - Italie)

Mariage : Espagne

Voyages professionnels : Japon - Chine - Canada - Brésil - Danemark

2 Répondez.

Exemples :   A Tahiti ?   – *Oui, il est allé à Tahiti.*
   En Australie ?   – *Oui, il est allé en Australie.*

A Tahiti ?   Au Québec ?   En Chine ?
En Australie ?   En Belgique ?   Au Japon ?
En France ?   A Bruxelles ?   En Amérique ?
A Paris ?   En Nouvelle-Zélande ?   Au Canada ?

3 Demandez et donnez des informations.

Exemple : théâtre / hier soir
   ⟶ *Tu étais au théâtre hier soir ?*
   Vous étiez au théâtre hier soir ? ⟩ – *Oui, j'ai vu ...*

à l'école / lundi   en France / l'année dernière   ...
chez Paul / dimanche   à Bruxelles / novembre   ...

4

4 Quelqu'un dit ... Je suis resté un mois en Espagne.

<u>Vous demandez une information.</u>   → *Quand ?*

(Inf. adicional)   *Où ?*

                                          C'était comment ?

                                          Vous avez aimé ?

J'habitais à la campagne.   →

J'ai acheté un ordinateur.   →

Je suis allé à la montagne.   →

Je ne suis pas sorti dimanche. →

Paul a passé huit jours en Suède.→

Je faisais du ski.   →

5 <u>Vous avez fait ... Racontez oralement.</u>

                                          C'était...

                                          Il faisait...

                                          Il y avait...

Exemple :

Hier,

je me suis levé(e) à six heures. →*C'était difficile.*

J'ai pris le métro/bus/train.   → *Il y avait beaucoup de monde,*

                                          il faisait froid...

Dimanche dernier...   → ...

L'année dernière, en vacances... →...

...

<u>Ecrivez ce que vous avez raconté.</u>

6 a) <u>Lisez les phrases silencieusement.</u>

    Qu'est-ce que vous ne comprenez pas ? Que faire ?

1 - Mais si. Monique est à Genève.

  - Non, elle était à Genève mais elle est partie. Maintenant elle est
     à Lisbonne.

2 - Il vit à Paris.

  - Mais non. Il vivait à Paris, maintenant il est à Lyon. Il habite à
     Lyon.

14

4

b) Complétez les phrases 3 à 8 avec votre professeur.

3 - Je connais bien Anne : elle travaille à la poste.
   - Mais non, avant elle travaillait à la poste. Maintenant...

4 - Il est chômeur.
   - ...

5 - Elle vit avec Jacques.
   - ...

6 - Il est conducteur de bus.
   - ...

7 - Claude ? Elle a deux chats et trois chiens.
   - ...

8 - Il est malade.
   - ...

7 Lisez les réponses.

Mettez une croix (x) dans la case correspondante.

Exemple :

Moi, je ne sors pas le samedi.

	la personne	accepte	refuse
Exemple : Moi, je ne sors pas le samedi.			x
1 Du poisson ? bonne idée.		•	
2 Dire tu ? pas d'accord.			•
3 Je n'aime pas le train.			•
4 Dimanche ? je ne peux pas.			•
5 Non merci, je ne comprends pas les films en français.			•
6 Oh oui ! j'adore la musique.		•	∿
7 Je ne peux pas. Je suis très timide.			•
8 Je suis d'accord. Je viens à quelle heure ?		•	

Comment "proposer" pour obtenir ces réponses ?

Exemple : *Tu viens avec moi samedi ? / On va au match samedi ?*

4

8   <u>Lisez. Vous ne comprenez pas le sens du mot "infirme", continuez...</u>

> Jacqueline est infirme,
> mais elle fait des études
> normalement. Des amis
> l'emmènent en voiture à
> l'université. Ils photo-
> copient ses cours. Ils
> l'aident à manger au res-
> taurant. Elle refuse
> d'être une malade ; ce-
> pendant elle ne peut pas
> écrire, pas marcher, pas
> prendre un livre seule.

Recherchez les mots, les expressions qui vous aident à comprendre
le sens du mot inconnu.

> Après des passages nuageux et
> de nombreuses averses samedi,
> le temps sera très beau diman-
> che, mais lundi à nouveau de
> la pluie.

<u>Indiquez le temps pour :</u>

samedi :
dimanche :
lundi :

Avez-vous compris le sens du mot "averses" ?

> Une nouvelle association s'est créée pour
> aider les jeunes de 10 à 14 ans à utiliser
> l'ordinateur. Les deux premières séances
> sont gratuites. La troisième fois, les
> jeunes paieront 50 francs pour un cours de
> 50 minutes.

<u>Soulignez les mots inconnus. Relisez, essayez de deviner le sens.</u>

5

1

a) Soulignez dans le texte toutes les formes verbales de *avoir* et *être* et les mots placés après.

b) Pouvez-vous faire un classement ?

Ne cherchez pas à comprendre tout le sens du texte

UN PNEU DES TL ÉCLATE
Vitrine brisée

Le pneu d'un véhicule des Transports publics lausannois (TL) a éclaté hier, vers 12 h 20, à la rue Haldimand, à la hauteur de l'agence Kuoni. Le souffle de la déflagration a fait voler en éclats la vitrine du commerce, sans blesser aucun passant. Seul à l'intérieur de l'agence, durant la pause de midi, M. Daniel Aeberhard, s'est jeté à terre au moment de l'explosion : « Le bruit produit a été semblable à un coup de canon. La vitrine qui mesure environ 2 m 50 sur 3 mètres s'est brisée. Les éclats se sont répandus sur le trottoir et à l'intérieur, près de l'écran qu'utilise notre secrétaire durant la journée. Je n'ai pas compris tout de suite ce qui s'était passé. J'ai vu en effet passer un bus mais celui-ci ne s'est pas arrêté, son conducteur n'ayant pas dû s'apercevoir tout de suite de l'accident. Il est revenu plus tard pour le constat. Les policiers sont arrivés très vite. Ils ont cru d'abord qu'il s'agissait d'un attentat, avant de trouver, parmi les débris, des morceaux de caoutchouc », raconte M. Aeberhard.

A 16 h, une entreprise avait fini de remplacer la vitrine brisée.

Selon l'un des experts des TL, l'éclatement d'un pneu de trolleybus est rare ; le phénomène se produit pas plus d'une fois tous les six ans. — *dr*-P. D.

Tribune Le Matin Lausanne, 4 février 1984.

Verbes avec être	Verbes avec avoir

2 Cherchez dans le texte :

A Après trois jours de coma, Barbara a ouvert les yeux. Elle a regardé l'infirmière, la chambre...
B Le matin, Barbara réveillait Arnaud à sept heures. Tous les matins, elle emmenait Arnaud à l'école. Ensuite, elle prenait le métro pour aller au bureau. Mais un mardi, le réveil n'a pas sonné.
C Barbara et Arnaud sont rentrés à la maison.
D Ce jour-là, il pleuvait, pas un taxi.
E Barbara n'a pas vu la voiture et... c'est l'accident.
F Le docteur Grangier passait trois fois par jour. Il était jeune, sympathique et célibataire.
G Barbara a trouvé le bonheur, le docteur a trouvé l'amour et Arnaud un père.

a) des habitudes de Barbara.
b) des événements exceptionnels.

et notez les phrases pour exprimer les :

habitudes	événements exceptionnels

5

3 Rappelez-vous des habitudes de votre enfance, des faits exceptionnels.

Habitudes			Evénements exceptionnels
à l'école	en famille	en vacances	

4

Le festival de Venise / Venise et son festival

Essayez de retrouver des titres de films.

Exemple :
Monsieur Hulot et ses vacances ——→ *Les vacances de M. Hulot*

Paris et ses mystères
La ville et ses lumières
L'Opéra et son fantôme
Robin des bois et ses aventures
Bryan et sa vie
Le boulanger et sa femme
Le docteur Marsh et ses quatre filles
Orphée et son testament
L'amour et ses jeux
Parme et sa Chartreuse
Monsieur Lange et son crime
Vérone et ses amants
Le major Thompson et ses carnets

5 Répondez.

Exemples :
C'est l'écriture de Jacques ? ——→ *Mais non, ce n'est pas son écriture.*
C'est la femme de Nicolas ? ——→ *Mais non, ce n'est pas sa femme.*

C'est le bureau du comptable ?
C'est la chambre de ton fils ?
C'est la voiture de ton mari ?
C'est l'idée de Valérie ?
C'est le médecin de ta femme ?
C'est la bicyclette de ton père ?
C'est l'argent de ta femme ?

5

6 Lisez.

- Et ton fils, quel âge a-t-il ?
- Trois ans.
- Il va bien ?
- Très bien, mais c'est un enfant très possessif ! Quand il parle de la maison, il dit toujours "ma maison", la voiture, c'est "ma voiture", le chat, c'est "mon chat", le jardin, "mon jardin". C'est pas normal...
- Tu sais, mon mari dit toujours : "ma femme, mes enfants, mon frigo, ma chaîne, ma télévision, ma mère..."

1. **Vous présentez votre ami(e), dites-vous :**

   Je vous présente mon ami(e). □

   Je vous présente Nicole/Jean, mon ami(e). □

   Je vous présente Nicole, Jean. □

2. **Vous proposez à quelqu'un de venir boire un verre, dites-vous :**

   Allons dans mon appartement. □

   Allons chez moi. □

   Allons à la maison. □

3. **Vous cherchez le journal (de la famille), dites-vous :**

   Qui a vu mon journal? □

   Qui a pris mon journal? □

   Qui a vu le journal? □

4. **Vous allez chez un médecin, dites-vous :**

   Je vais chez le médecin. □

   Je vais chez mon médecin. □

   Je vais chez le docteur Valentin. □

Et vous, êtes-vous :
très possessif ? □
un peu possessif ? □
pas du tout possessif ? □

7 Répondez.

Exemples :
Avant, je travaillais à la maison.
———➤ *Et maintenant, c'est Paul qui travaille à la maison.*
Avant, je rentrais tous les soirs à neuf heures.
———➤ *Et maintenant, c'est Paul qui rentre à neuf heures.*

Avant,
je travaillais à la maison.
je rentrais tous les soirs à neuf heures.
je faisais la vaisselle tous les jours.
je suivais des cours d'anglais.
je faisais les courses tous les jours.
j'écrivais beaucoup.
j'allais souvent au cinéma.
je lisais beaucoup.

8

Regardez l'agenda de Nicole
et dites ce qu'elle n'a pas fait
le 5 janvier.

8.00 dentiste
9.00 bureau

12.30 déjeuner avec
Alain

18.00 Passer chez Pauline

19.30 Dîner chez Simon

Et vous ? La semaine dernière ?
Cherchez dans la liste de verbes ce que vous avez fait, ce que vous
n'avez pas fait, et écrivez.

aller - faire - prendre - voir - prononcer - conduire - passer -
rencontrer - trouver - comprendre - lire - travailler - parler -
chercher - écrire - fumer - venir - accepter - manger - visiter.

ce que vous avez fait	ce que vous n'avez pas fait
Je suis allée chez le coiffeur.	*Je n'ai pas travaillé.*

9 Répondez.

Exemples :
Tu as trouvé ?   ➔ *Non, je n'ai pas trouvé.*
Tu as accepté ?   ➔ *Non, je n'ai pas accepté.*

Tu as trouvé ?   Tu as compris ?
Tu as accepté ?   Tu as vu ?
Tu as entendu ?   Tu as cherché ?
Tu as su ?

10 Imaginez et donnez
toutes les informations.

Heure ?   *UN AVION S'EST ÉCRASÉ*
Temps ?   *SUR L'AÉROPORT DE PARIS*
Le ciel ?
Le vent ?
Nationalité des passagers ?
...

11 Vous avez rencontré ces expressions dans les unités 1 à 5.
Imaginez : a) qui a pu dire ces phrases ?   B =
          b) en réponse à qui ?   A =
          c) quelle était la question ?

A a dit	B a répondu	Qui est A ? Qui est B ?
Tu étais en vacances ?	1 En vacances ! Tu parles.	A : *collègue/ami* B : " "
_____	2 C'était le bon temps.	A : B :
_____	3 J'aime bien.	A : B :
_____	4 J'aimais beaucoup.	A : B :
_____	5 C'était trop cher.	A : B :
_____	6 Il faisait trop froid.	A : B :
_____	7 C'était formidable.	A : B :
_____	8 Le film était très mauvais.	A : B :
_____	9 Elle était belle.	A : B :
_____	10 Ah oui ! j'étais contente.	A : B :

6

1 Trouvez des réponses.

Exemples :

Pierre arrive. Attends-le. ⟨
D'accord, je l'attends.
Et toi, tu l'attends ?
Je l'attends, mais cinq minutes seulement.

1 Les Garnier sont à Paris. On les invite ? ⟨ ... ...

2 Et Bernard, on l'invite ? ⟨ ... ...

3 Comment, tu emmènes ta fille à Athènes ? ⟨ ... ...

4 C'est Claire que tu attends ? ⟨ ... ...

5 On prend le chien ? ⟨ ... ...

6 Quel accent ? Tu le comprends ? ⟨ ... ...

7 Comment tu le trouves, ce vin ? ⟨ ... ...

2 Répondez.

Exemples :
Alors, la maison, vous l'achetez ? ⟶ *Non, on ne l'achète pas.*
Alors, la voiture, vous l'essayez ? ⟶ *Non, on ne l'essaie pas.*

Alors,
la maison, vous l'achetez ?
la voiture, vous l'essayez ?
les skis, vous les emportez ?
la moto, vous la prenez ?
la maison, vous la louez ?
l'appartement, vous le louez ?

6

3

A tour de rôle, répondez librement.

Votre journal, vous le lisez quand ?
⟶ *Je le lis ... le matin / le soir / au bureau /*
le matin, dans le bus / ...

Vos vacances, vous les prenez quand ?
Vous la regardez quand la télévision ?
Et vos courses, vous les faites quand ?
Quand prenez-vous votre douche / votre bain ?
Le lexique, vous l'apprenez quand ?
Quand est-ce que vous faites votre travail ménager ?
A quelle heure prenez-vous votre petit déjeuner ?

Combien de fois voyez-vous votre médecin ? / le plombier ?
⟶ *Je le (la) vois   deux fois par an.*
⟶ *Je ne le vois pas souvent.*

Combien de fois appelez-vous votre médecin ? / le plombier ?
⟶ *Je l'appelle   une fois par an.*
⟶ *Je ne l'appelle   jamais.*

Combien de fois allez-vous chez votre coiffeur ?
⟶ *J'y vais   une fois par semaine.*

Combien de fois allez-vous chez	votre dentiste ? ... ... le vétérinaire (si vous avez un animal) ? ... le boucher ? le boulanger ? le marchand de journaux ? ...
Combien de fois voyez-vous	votre assureur ? ... ... le professeur de vos enfants (si vous avez des enfants) ? ... votre directeur ? ...
Combien de fois appelez-vous	le garagiste ? ... le réparateur de télévision (si vous avez une télévision) ? ...

6

4 **Donnez les informations demandées.**
Utilisez les indications de la liste de droite.

Exemple :
Tu le veux comment ton steak ?
——→ *Je le veux ... bleu.* | bleu, saignant, à point, bien cuit

1 Tu l'envoies comment ta lettre ?   recommandée, exprès, normale, ...

2 Tes collègues, tu les invites quand ?   lundi, mardi, la semaine prochaine, ...

3 Tu les prends où tes vacances ?   à la mer, à la montagne, en Espagne, au Portugal,...

4 Ton journal, tu l'achètes où ?   chez le marchand de journaux, à la gare, au kiosque, près de chez moi, ...

5 Tu l'aimes comment le poisson ?   frit, grillé, ...

6 Tes vacances, tu les prends quand ?   en hiver, en été, en juillet, en août, ...

7 Et ton whisky, comment tu le veux ?   avec de la glace, avec de l'eau, sans eau, sans glace, ...

8 Tu y vas comment à Lisbonne ?   en train, en voiture en avion, en bus, ...

9 Tu le prends quand ton médicament ?   entre les repas, avant/après les repas, le matin, le soir, ...

10 Au bureau, tu y vas comment ?   à pied, à vélo, en métro, ...

5 **Regardez la page 52 du livre.**
Ecrivez pour informer :

1 <u>votre femme / mari / ami(e)</u>

Vous rentrez tard. Ne pas vous attendre pour dîner. Dans le réfrigérateur : jambon, haricots, yaourts, fruits, ...

2 <u>vos voisins</u>

Un ami a laissé un paquet pour eux chez vous. Vous êtes là, le soir à 19 heures.

3 <u>un(e) ami(e)</u>

Vous n'arrivez pas le 17 mais le 16, pas en avion mais en train, à 22 h 24.

24

6

Pour être hôtesse de l'air, il faut remplir un certain nombre de critères, communs à la profession mais variables selon les compagnies : être de nationalité française ou originaire d'un des pays membres de la C.E.E., et dans ce cas parler couramment français ; avoir une excellente présentation ; être âgée de vingt et un ans à vingt-sept ans (Air Inter), de vingt et un ans à vingt-huit ans (U.T.A.), de vingt et un ans à vingt-neuf ans (Air France) ; mesurer de 1,60 m à 1,75 m (Air France), de 1,62 m à 1,73 m (Air Inter), de 1,62 m à 1,74 m (U.T.A.) ; avoir une bonne acuité* visuelle : sans correction, de 5/10 minimum à chaque œil, et ne pas présenter de troubles de la vision des couleurs (Air Inter) ; minimum d'acuité de 2/10 sans correction, rétablie à 7/10 pour chaque œil par le port de verres correcteurs (Air France) ; ne porter ni lunettes ni verres de contact (U.T.A.) ; avoir le niveau du baccalauréat, ou justifier d'une expérience commerciale ou d'une formation hôtelière, parler couramment l'anglais.

Air Inter demande également aux candidates d'être titulaires du certificat de sécurité et de sauvetage, délivré par la Croix-Rouge. Air France et U.T.A. exigent que l'on sache nager 50 mètres (départ plongé) en moins d'une minute.

Les épreuves de sélection durent plusieurs jours. Variables selon les compagnies, elles comportent des examens psychotechniques, des entretiens, et parfois un passage devant un jury. La formation a lieu au sein de chaque compagnie.

– Air France, 3, square Max-Hymans, 75757 Paris Cedex 15, bureau 121. Un répondeur automatique (323-97-50) récapitule les conditions générales d'accès à l'emploi et à la sélection.

– Air Inter, direction des relations sociales, département des effectifs, recrutements et orientations, 1, avenue du Maréchal-Devaux, 91550 Paray-Vieille-Poste. Tél. : 675-20-44.

– U.T.A., 50, rue Arago, 92806 Puteaux. Tél. : 776-41-33.

LE MONDE DE L'ÉDUCATION – FÉVRIER 1984

* Avoir une bonne acuité visuelle : Avoir une bonne vue, être capable de bien distinguer à distance.

6 Relevez toutes les informations importantes pour être hôtesse de l'air à la compagnie U.T.A.

7 Envoyez un télégramme à votre directeur.

Vous êtes en vacances. Vous ne pouvez pas rentrer à la date prévue à cause d'une grève des employés de chemin de fer.

8 Une amie cherche un appartement. Elle est en voyage. Vous avez répondu, pour elle, à cette annonce.

Paris - A louer studio 11e - calme Ecrire au journal P. 2658

a) Ecrivez la lettre.

b) On vous a téléphoné, vous avez pris les notes suivantes :

A côté République, près du métro, immeuble ancien, duplex, 25 m² en bas, 15 m² en haut, cuisine, salle de bains, toilette, téléphone, meublé, calme, refait à neuf, à côté magasins - pas d'animal, 1900 F. + charges, libre juillet, tél. M. BERGER le soir, 19h - 22h au 329.24.21.

c) Vous envoyez ces informations à votre amie.

9   Répondez.

a) Quand envoyez-vous des cartes postales ?
b) A qui ?
c) De qui recevez-vous des cartes postales ?
d) De quoi parlez-vous quand vous écrivez des cartes postales :

     . du temps ?

     . du pays / de la ville où vous êtes ?

     . de la nourriture ?

     . de votre santé ?

     . de la santé de la personne à qui vous écrivez ?

Comment vous adressez-vous à la personne à qui vous écrivez ?
Quand vous parlez du temps, qu'écrivez-vous ?
Quand vous décrivez un pays, une ville, qu'est-ce que vous écrivez ?

Comparez vos réponses.

Dans votre classe, on envoie surtout des cartes à _____

Pour parler de _____

10   Notez tous les mots
se rapportant
à la maison.

Une maison peut être   *grande*   ou _____

_____

_____

Elle peut avoir seulement un rez-de-chaussée ou _____

un toit ou _____

Autour de la maison, on peut trouver des _____

ou  _____

26

6

11 <u>Ecoutez encore une fois j6 et répondez par écrit.</u>

	situation de la maison. Où ?	description de la maison. Comment ?	autour de la maison. Quoi ?
maison n° 1			
maison n° 2			
maison n° 3			

12 <u>Lisez les petites annonces.</u>

Chalet à vendre dans les Alpes. Construction. moderne. Terrain bord rivière. Arbres. Tranquillité.

Maroc. Agadir. Villa meublée, tout confort, à cinq minutes de la plage et du centre commercial.

Grèce. Belle villa 4 pièces tout confort. Bord de mer. Plage privée.

Provence. Belle maison de campagne. Garage. Jardin. Petite piscine.

Petite maison d'été avec 600 m², simple mais confortable, à 30 m du lac.

Bus-camping, près de la forêt, rivière, 4 lits.

Relevez les mots, les expressions qui donnent des renseignements sur :

la situation (où ?)	la description (comment ?)	l'entourage (quoi ?)

13 <u>Ecrivez tous les adjectifs de couleur que vous connaissez.</u> Dites à quels mots vous les associez.

Exemple : noir ⟶

ciel noir   idées noires

nuit noire   île noire   chanteur noir

cheveux noirs   yeux noirs   perle noire

robe noire   tulipe noire   roman noir

6

14 Dans les annonces suivantes, soulignez tous les adjectifs.
Ecrivez une autre annonce au féminin.

Exemple : A donner un chien très gentil.
⟶ *A donner une chienne, une chatte très gentille.*

1 Je cherche des jouets anciens.

⟶ _____

2 A vendre beaux tapis, dictionnaires neufs.

⟶ _____

3 A louer appartement moderne et confortable.

⟶ _____

4 A vendre violon ancien.

⟶ _____

5 A donner un excellent cours d'espagnol.

⟶ _____

6 Voyages internationaux, toute l'année.

⟶ _____

7 Nous cherchons un jeune assistant médical.

⟶ _____

8 A donner vêtements taille 38 : manteau bleu, souliers noirs.

⟶ _____

9 Nous cherchons un excellent informaticien.

⟶ _____

10 A vendre superbe chat tigré.

⟶ _____

11 A louer un merveilleux studio.

⟶ _____

15 Terminez le dialogue.

- Il est bien votre appartement.
- Oui, on l'aime beaucoup.
- Et avant, vous étiez où ?
- On était à ...
  On vivait en ...
  On avait un appartement / une maison ...
  Il y avait ...
  On voyait ...
  C'était ...

16 Ensemble, imaginez toutes les questions
que l'on peut vous poser :
- sur votre lieu de travail.
- sur l'école où vous apprenez le français.
Quelles réponses pouvez-vous donner ?

C'est comment ?

*Il y a un...
une...
des...*

17 Vous avez la possibilité d'aménager 100 m2 en appartement.
Pour la prochaine fois, préparez un projet pour le présenter
à la classe.
Où mettez-vous les chambres ? La cuisine ?
Choisissez les couleurs. Comment meublez-vous ?
Pensez à toutes les informations que l'on pourra vous demander.
Utilisez les mots notés à l'exercice 10 (Unité 6).

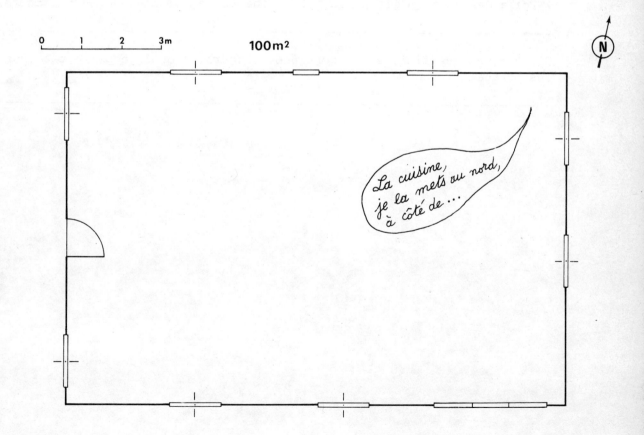

100m²

*La cuisine,
je la mets au nord,
à côté de ...*

6

*Cela a duré longtemps...
Ouf ! c'est fini.*

18 <u>Pour ne pas oublier les temps du passé ...</u>

Exemple :
Voilà des mois qu'il cherchait du travail.   *trouver*
⟶ *Il en a trouvé hier.*

1 Voilà des semaines qu'elle cherchait son portefeuille.   *retrouver*

⟶ _____

2 Voilà des années qu'il habitait ici.   *déménager / partir*

⟶ _____

3 Voilà des années qu'il écrivait sa thèse.   *finir*

⟶ _____

4 Voilà des années qu'ils réparaient la maison.   *finir*

⟶ _____

5 Voilà des semaines qu'elle était à l'hôpital.   *sortir*

⟶ _____

6 Voilà des jours qu'elle attendait ce paquet.   *recevoir*

⟶ _____

7 Voilà des mois qu'ils parlaient d'acheter cet ordinateur. *acheter*

⟶ _____

Si ce n'est pas fini, si ça continue toujours, à quel temps mettez-vous
les phrases ?

_____

1 a) Lisez et soulignez le (ou les) mot(s) qui permettent d'exprimer une opinion.

Conférence de Bruxelles :
1 mauvais départ.

2 C'était un garçon très bien. Il travaillait beaucoup. Ici, à l'atelier, tout le monde l'aimait.

Une mode jeune,
agréable,
3 *facile à porter.*

Les acteurs sont mauvais
4 et la pièce ennuyeuse.

5 Mon travail ici est agréable.
Les collègues sont sympathiques.

6 Vous avez raison ; mon oncle Albert, c'était quelqu'un : un homme remarquable.

7 **Ski : les slalomeurs**
français ne sont pas
brillants.

9 Je n'ai pas beaucoup aimé l'amie d'Olivier, c'est une jeune fille triste, mal habillée, elle répond à peine quand on lui parle.

Vigneault est le chanteur le plus engagé du Québec. Il est aussi grand que Montand. Tous les deux sont de merveilleux chanteurs, mais aussi
8 des hommes responsables.

A COLOMBIER
Les danseurs du Sénégal.
10 Les plus beaux danseurs du continent africain.

b) Qui a pu écrire ces phrases. Où ?

Exemple : Conférence de Bruxelles :
mauvais départ.

Qui = *un journaliste*
Où = *journal, titre de journal*

2

Voici une série de phrases pour exprimer une opinion.

1 Les femmes, elles travaillent trop.
2 Avoir six semaines de vacances, c'est un minimun.
3 Dans la vie, tout finit bien.
4 C'est joli, l'harmonica.
5 La télé, c'est pas comme le cinéma.
6 Le cheval, c'est l'animal le plus beau.
7 Le jogging, c'est un sport idiot.
8 J'aime pas le jazz, mais j'aime le rock.

Réagissez.

● Vous pouvez approuver : vous êtes d'accord.

Ça c'est vrai.
Je trouve que c'est bien / beau / horrible / pas bien / pas intéressant/
affreux / terrible / pas terrible / super / formidable / ennuyeux /
Je pense que c'est vrai.   Je pense que vous avez raison.
Je suis d'accord.

● Vous pouvez désapprouver : vous n'êtes pas d'accord.

Ah non, c'est pas vrai, pas juste. Pas d'accord avec vous.
Je ne suis pas d'accord.

● Vous pouvez demander des explications.

Pourquoi ?   Qu'est-ce qui vous fait penser ça ?
Pourquoi vous dites ça ?

● Vous ne voulez pas exprimer votre opinion.

Vous savez, moi...   Je n'ai pas d'opinion.
Moi, je ne pense rien.   C'est pas mon problème.

3   Mettez *ce, cet, cette, ces*.

1 Vous venez _____ soir ?

2 Vous l'avez acheté _____ ordinateur ?

3 Vous la connaissez, _____ femme ?

4 _____ musique ! J'en ai assez.

5 On part quand ? _____ semaine ?

6 _____ homme, je l'ai déjà vu.

7 Qu'est-ce que tu fais, avec tous _____ journaux ?

8 Ne va jamais dans _____ restaurant.

9 Je la connais _____ histoire.

10 _____ film, quelle horreur !

4

Répondez.

Exemples : Vous partez cette nuit ? C'est de la folie !
———> *Oui, on part cette nuit.*
Tu l'as vu quand ? ce matin ? Mais c'est impossible.
———> *Si, je l'ai vu ce matin.*

Vous partez cette nuit ? C'est de la folie !
Tu l'as vu quand ? ce matin ? Mais c'est impossible.
Qu'est-ce que tu dis ? Tu l'as rencontré cet après-midi ?
Tu rappelles quand ? ce soir ?
Tu viens quand ? allons, viens cette semaine.
Tu es parti quand ? ce matin ?
Il a quitté Paris cette semaine ? C'est impensable.

5

Lisez ces titres. Cherchez les verbes au futur. Copiez-les.
Comment avez-vous trouvé que ces verbes étaient au futur ?
Donnez leur infinitif.

1 Vacances : les enfants des chômeurs pourront partir.
2 Conférence de Paris : on connaîtra les résultats demain.
3 Le groupe Telstar viendra à Neuchâtel.
4 L'équipe de Budapest jouera en finale.
5 Les Bernois voteront demain.
6 Le Premier Ministre accompagnera le Président.
7 Nous irons tous au Paradis.
8 "Je ne chanterai plus" déclare Barbara.
9 Et vous ? arrêterez-vous de fumer ? Prenez la décision aujourd'hui.
10 "Tu ne me quitteras plus ?" La célèbre actrice Suzanne Guéron a retrouvé son mari.

6

Dites et ensuite écrivez
ce que vous ferez demain.

Exemple :
A huit heures,
j'irai chez
le coiffeur.

MERCREDI 31 :10: OCTOBRE
8 coiffeur
30
9
30
10
30
11
30 Dr. Marmy
12
30
13 déjeuner avec
30 M. Polet
14
30
15 cours d'arabe
30
16
30
17 réunion du
30 personnel
18
30
20h30 réunion
30 parents d'élèves

DOMINANTE*
NE PAS OUBLIER !

TÉLÉPHONER
Parents de Marc
pour l'inviter
Week-end.

ÉCRIRE
. Tante Lily

VOIR acheter
. cadeau mariage
Barbara
. billets pour concert

DIVERS
Annuler soirée
chez Antoine
(téléphoner ?
écrire ?)

7

7

A : On vous donne une information.

   ↘ B : Vous exprimez une opinion.

      ↘ A : La personne réagit.

Exemple :
A : *Les Guillaume partent vivre au Canada.*

   ↘ B : *C'est triste, on ne les verra plus.*

     ↘ A : *Mais si, on les verra pendant les vacances.*
        On ira au Canada.

1 A : Jacques Brel est mort.
  ↘ B : ...
    ↘ A : ...

2 A : Jean a perdu son travail.
   ↘ B : ...
     ↘ A : ...

3 A : Romy Schneider est morte.
  ↘ B : ...
    ↘ A : ...

4 A : Barbara se marie, on se sentira seuls ma femme et moi.
   ↘ B : ...
     ↘ A : ...

5 A : C'est la première fois qu'on partira en vacances sans notre fille.
  ↘ B : ...
    ↘ A : ...

8

Réagissez, exprimez une autre opinion.

L'AN 2000, ÇA VOUS FAIT PEUR ?

A : L'an 2000, ce sera formidable.
→ B : *Je ne suis pas d'accord, ce sera horrible.*

A : On travaillera vingt heures par semaine. Ce sera chouette ! → B : ...
A : En l'an 2000, tout sera pollué. Quelle horreur !   → B : ...
A : Pour les jeunes, ce sera affreux, il n'y aura plus de travail. → B ...
A : On sera des robots, des machines, on n'aura plus d'opinion. → B : ...

9

Répondez négativement.

Exemples :
Tu as encore mal à la tête ? → *Non, je n'ai plus mal.*
Il pleut toujours ?   → *Non, il ne pleut plus.*

Tu as encore mal à la tête ?   Tu fais toujours du vélo ?
Il pleut toujours ?   Tu fumes toujours autant ?
Tu fais toujours de la musique ?   Il vient encore à Paris ?
Tu retournes encore à Londres ?   Tu as toujours ton chien ?

Vous pouvez employer la négation "ne ... plus" quand on vous pose une question avec les mots ...

10

Trouvez deux réponses négatives.
a) Vous ne faites plus cette activité.
b) Vous n'avez pas fait cette activité et vous dites pourquoi.

Exemple : Vous avez vu le match à la télé ?

→ a) *La télé, je ne la regarde plus.*
  b) *Non, la télé était en panne.*
  Je n'avais pas envie de regarder la télé.
  Je suis sorti, le soir du match.

1 Vous êtes sortis dimanche ?
2 Tu es venue en voiture ce matin ?
3 Tu as fait du moto-cross, hier ?
4 Vous faites toujours de la bicyclette ?
5 Tu es allé à Londres dernièrement ?
6 Tu as enregistré le concert de jazz de samedi ?

11

A donne un ordre. → B peut 〈 accepter (accepter sans rien dire)
refuser (pas toujours)
promettre de faire.

Lisez et répondez.

Qui peut donner cet ordre ?	Exemple : "Finissez cette lettre."	1	2	3
Qui peut donner cet ordre ?	*patron(ne)*			
A qui ?	*secrétaire*			
Où ?	*bureau*			
Que peut répondre B ?	*accepte : Oui, Monsieur/Madame*			

1 Applaudissez.
2 Arrête-toi.
3 Arrêtez ! Arrêtez !
4 Parlez plus doucement.
5 Je vous rappelle qu'il est interdit de fumer.
6 Va te coucher.
7 Il faut partir ; tu seras en retard.
8 Ecrivez.
9 Allume ! on ne voit rien.
10 Ecris-lui, enfin.
11 Appelez-moi un taxi, s'il vous plaît.
12 Ouvrez votre valise.

12 Pour chaque mot de la grille, trouvez une définition simple ou employez le mot dans une petite phrase.

```
                        6
                        V
              1         O
              A         I
  2       3 T E R M I N E R
            E   A
            R   5 V
            R   F O
  4 B R U I T  I N
            E   N
                I
                R
```

1 AVION = _____
_____
2 _____
_____
…

13 Cherchez dans la liste le mot qui convient et complétez la lettre.

passer
recevoir
venir
arriver
pouvoir
venir
être
téléphoner
rester

Lyon, le 2 février 1984

Chers amis,

Merci de votre invitation. Nous _____ avec plaisir, Olivier et moi. Malheureusement, les enfants ne _____ nous accompagner; Jacques _____ ses examens en juillet et Sylvie _____ en Angleterre où elle _____ un mois. En août, nous _____ une jeune Anglaise qui _____ avec nous en Provence.

Nous _____ sans doute le 3 juillet, mais je vous _____ la date exacte.

Nous sommes très heureux à l'idée de passer quelques jours avec vous. Il y a si longtemps que nous ne sommes pas retournés en Bretagne.

À bientôt. Amicalement

Nicol

36

7

14   Transformez les phrases selon l'exemple.

Exemple :
Lorin Maazel a décidé de quitter ⟶ **Lorin Maazel quittera la direction**
la direction de l'Opéra de Vienne   **de l'Opéra de Vienne en 1986**
en 1986.

1 Les professeurs de l'enseignement supérieur ont décidé de faire grève
  le 14 mai.

⟶ _____

2 Les passagers du boeing 707 ont décidé d'attendre à Orly.

⟶ _____

3 Sylvia Billy a accepté de chanter au gala des artistes.

⟶ _____

4 Le Comité Olympique a décidé de choisir la ville de Sarajevo pour
  les jeux d'hiver en 1984.

⟶ _____

5 Le Président américain a accepté de venir en France en 1984.

⟶ _____

6 Les chefs de gouvernement ont décidé de se retrouver en juin
  à Bruxelles.

⟶ _____

7 Le premier ministre a accepté de recevoir les syndicats.

⟶ _____

8

1
💬

Répondez.

Exemples : Comment ? Tu ne pars pas ?   Comment ? Tu ne continues plus ?
       → *Et toi ? Tu partirais ?*   → *Et toi ? Tu continuerais ?*

Comment ? Tu ne pars pas ?   Comment ? Tu ne discutes pas ?
Comment ? Tu ne continues plus ?   Comment ? Tu ne manges pas ?
Comment ? Tu n'acceptes pas ?   Comment ? Tu ne dors pas ?
Comment ? Tu ne travailles plus ?   Comment ? Tu ne restes pas ?

2
💬

Reprenez les phrases de l'exercice 1, par groupe de deux. Imaginez la suite.

Exemples :

A : Comment ? Tu ne pars pas ?
B : Et toi ? Tu partirais dans ces conditions ?
A : *Quelles conditions ?*
B : *Le froid, la neige, l'état des routes ...*

A : Comment ? Tu ne continues plus ?
B : Et toi ? Tu continuerais dans ces conditions ?
A : *Quelles conditions ?*
B : *Je ne peux pas continuer à travailler avec ce bruit.*
    Je ne peux pas continuer à marcher sous cette pluie.
    Je ne peux pas continuer à marcher, j'ai mal aux pieds.

3
💬

En vacances au Portugal ...
ou ... au Japon ou au Québec
ou ... Rêvez ...

8

4

Lisez les exemples.

A : Elle va bien ta voiture. Pourquoi tu veux la changer ?
B : *Tu ne la changerais pas, toi ?*
A : *Non, moi, à ta place, je la garderais.*

A : Ne prends pas ce manteau ; il ne te va pas.
B : *Tu ne le prendrais pas, toi ?*
A : *Non, moi à ta place, je prendrais le bleu.*
   Non, moi à ta place, je ne l'achèterais pas.
   Non, moi à ta place, j'attendrais.

Trouvez comment B et A peuvent réagir.

1 A : Ce n'est pas la peine de faire des réservations. Dans ce train,
      il y a toujours de la place.
  B : ...   A : ...

2 A : Tu n'as pas l'air bien. Ne va pas travailler.
  B : ...   A : ...

3 A : Inutile d'inviter Brigitte ; elle ne viendra pas.
  B : ...   A : ...

4 A : C'est idiot de partir demain. Nous, nous partons dimanche.
  B : ...   A : ...

5 A : Ne l'attends plus ; elle ne viendra pas.
  B : ...   A : ...

5

Trouvez d'autres exemples.

On peut employer le conditionnel

pour ... demander quelque chose ⟶ *Je voudrais un café, s'il vous plaît.*

⟶ ...

⟶ ...

imaginer ⟶ *Il aimerait bien venir.*
          ⟶ *Elle prendrait ses livres.*

⟶ ...

⟶ ...

rêver tout haut ⟶ *J'irais bien au Portugal.*

⟶ *Je mangerais bien ...*

⟶ ...

conseiller ⟶ *A ta place, je prendrais le manteau bleu.*
           ⟶ *Vous pourriez lire un roman en français.*

⟶ ...

⟶ ...

8

6 Par groupes de deux, trouvez une suite aux dialogues.

1 - Qu'est-ce que tu fais, Nicolas ?
   - Je prépare du poisson.
   - Ta femme n'est pas là ?
   - Si, mais ...
   - ...

2 - Tu es rentré tard hier.
   - Moi ? Non, je suis rentré
     à onze heures.
   - A onze heures ? Il était deux
     heures du matin !
   - ...

3 - Où on va ce soir ?
   - Tu aimerais sortir ?
   - Oui, je voudrais bien sortir.
   - ...

4 - A quelle heure viendra Evelyne ?
   - Elle n'a rien dit. Au début
     de l'après-midi, je pense.
   - Elle vient seule ?
   - ...

7 Regardez la page 66, en bas.
Trouvez comment B pourrait réagir.

Exemple : A : J'ai mal à la tête. ⟵ B : *Encore ?*
Va te coucher.
Prends un comprimé.

A : Tiens, il pleut !
B : ...
   ...
   ...
A : Je suis très heureux.
B : ...
   ...
A : J'aurais besoin de vacances.
B : ...
   ...

A : L'usine où travaille Pierre
    est en faillite.
B : ...
   ...
A : J'aimerais bien acheter
    une vidéo.
B : ...
   ...

8 Pour la prochaine fois. Regardez ce qui est écrit dans la rue.

Si vous êtes dans un pays	
francophone	non francophone
①Relevez les noms de profession.	
Exemple : *docteur*	Cherchez le mot en français.
②Regardez les enseignes.	
Trouvez les noms de profession correspondants.	Cherchez comment on appelle cette profession en français.
Exemple : Garage ⟶ *garagiste*	
③Relevez dix noms de rue.	③Quel nom donneriez-vous aux rues en français ?

8

francophone	non francophone
④ Relevez des mots au pluriel. Regardez la grammaire numéros 2 et 9. Comment pouvez-vous classer ces mots ?	

⑤ Recherchez des publicités.

Relevez les verbes. A quel temps sont-ils ?	A quel temps mettriez-vous ces verbes en français ?

⑥ Classez tout ce que vous pouvez lire dans la rue :

ce qui ne change pas.	ce qui change souvent.

9
Lisez le répertoire. Classez les noms de rue.
Trouvez vous-même un système de classement.

A
Alexandre Dumas (rue)
Amsterdam (rue d')
Arts (pont des)
Austerlitz (quai d')
B
Balzac (rue)
Bastille (place de la)
C
Commerce (rue du)
D
Descartes (rue)
E
États-Unis (place des)
Europe (place de l')
F
Fêtes (place des)
Four (rue du)
G
Georges V (rue)
H
Henri Heine (rue)
Henri IV (rue)
I
Iéna (rue d')
Italie (place d')
L
Lille (rue de)
Louis XVI (square)
Louvre (rue du)
M
Médicis (rue)
Molière (passage)
N
New-York (place de)
O
Opéra (place de l')
P
Pasteur (rue)
Prado (rue du)
R
Rousseau (rue)
S
Saxe (rue de)
Seine (rue de)
Saint-Germain (boulevard)
T
Tour (rue de la)
V
Verrerie (rue de la)
Varsovie (rue de)
Vignes (rue des)
W
Washington (rue)

Avenir (rue de l')
Bains (avenue des)
Belgique (rue de)
Cathédrale (place de la)
Cerisiers (avenue des)
Château (avenue du)
Collèges (avenue des)
Cygnes (chemin des)
Dickens (avenue)
Forêt (chemin de la)
France (avenue de)
Gare (place de la)
Industrie (rue de l')
Lilas (chemin des)
Lac (rue du)
Milan (avenue de)
Mouettes (chemin des)
Marguerites (chemin des)
Navigation (place de la)
Neuchâtel (route de)

Nord (rue du)
Oiseaux (avenue des)
Ours (place des)
Paix (rue de la)
Plage (chemin de la)
Port (place du)
Premier mai (avenue du)
Roses (avenue des)
Roux-César (rue du Dr)
Saint-Paul (rue)
Savoie (avenue de)
Stade (chemin du)
Strasbourg (rue de)
Théâtre (avenue du)
Tour (rue de la)
Tunnel (place du)
Université (avenue de l')
Voltaire (rue)
Vingt-quatre Janvier (rue du)

Dans votre pays, dans votre ville, dans votre quartier, y a-t-il des rues qui ont des noms d'hommes célèbres ? de lieux géographiques ? de fleurs ?...

8

10 Répondez.

Exemples : Tu connais Catherine ?
  ⟶ *Non, mais j'aimerais bien la connaître.*
Tu as revu Vincent ?
  ⟶ *Non, mais j'aimerais bien le revoir.*

Tu connais Catherine ?   Tu apprends l'espagnol ?
Tu as revu Vincent ?   Tu as la télévision ?
Tu vois souvent Agnès ?   Tu as lu ce livre ?
Tu connais les Comte ?

11 Reprenez les réponses de l'exercice 10 et complétez par écrit.

Exemples : Tu connais Catherine ?
  ⟶ *Non, mais j'aimerais bien la connaître ; tu parles d'elle si souvent.*
Tu as revu Vincent ?
  ⟶ *Non, mais j'aimerais bien le revoir ; je l'aime bien, Vincent.*

12 Lisez le texte.

lundi

Chère Catherine,
Je t'écris rapidement ce mot au bureau.
J'ai reçu ce matin une lettre qui m'a plongée
dans la joie. Pierre, l'homme que j'ai
rencontré au restaurant la semaine dernière, m'écrit pour me demander de le revoir.
Je l'ai invité demain soir : je l'attends avec
impatience. J'espère que tu comprendras que
je ne pourrai pas sortir avec toi demain. Je
ne voudrais pas manquer Pierre. Je crois que
je l'aime ! Nous pourrions nous voir jeudi ?
Je te raconterai tout. A bientôt,

Je t'embrasse

Nicole

8

Comme dans j8, relevez les mots qui se rapportent à :

Nicole	Catherine	Pierre

13 Relevez dans le lexique, pages 157 à 160, des verbes et, ensemble, trouvez des slogans publicitaires. Regardez les exemples.

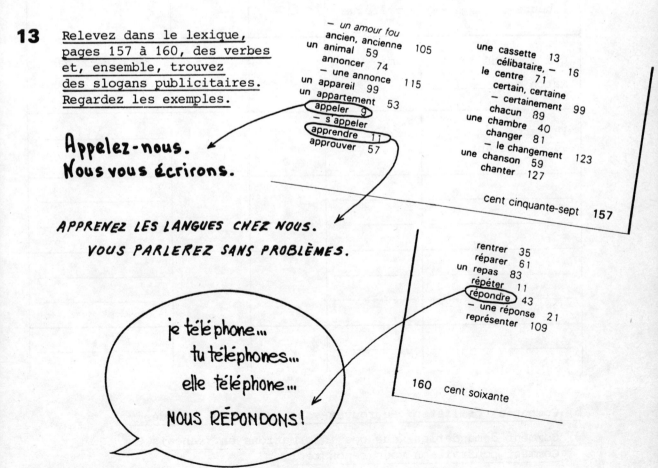

Appelez-nous.
Nous vous écrirons.

APPRENEZ LES LANGUES CHEZ NOUS.
VOUS PARLEREZ SANS PROBLÈMES.

je téléphone...
tu téléphones...
elle téléphone...
NOUS RÉPONDONS!

– un amour fou
ancien, ancienne 105
un animal 59
annoncer 74
– une annonce 115
un appareil 99
un appartement 53
appeler 9
– s'appeler
apprendre 11
approuver 57

une cassette 13
célibataire, – 16
le centre 71
certain, certaine
– certainement 99
chacun 89
une chambre 40
changer 81
– le changement 123
une chanson 59
chanter 127

cent cinquante-sept 157

rentrer 35
réparer 61
un repas 83
répéter 11
répondre 43
– une réponse 21
représenter 109

160 cent soixante

9

1

> NOTRE-DAME, S'IL VOUS PLAÎT ?

> NOTRE-DAME ? C'EST TOUT DROIT.

> À QUELLE HEURE EST LE DERNIER MÉTRO ?

> VERS UNE HEURE.

> JE NE SAIS PAS. JE NE SUIS PAS D'ICI.

> NOTRE-DAME ??? JE NE SAIS PAS.

a) Essayez de vous rappeler des informations que vous avez demandées hier et aujourd'hui. Faites-en la liste.

Vous avez demandé	A qui ?	On vous a donné l'information		Si non, pourquoi ?
		oui	non	
l'heure	collègue	+		
qui a gagné le match de _____	ami		+	ne savait pas
la carte au restaurant	_____			_____
_____ _____	_____			_____
_____ _____	_____			_____
_____	_____			_____

b) Comparez vos listes. Retrouvez-vous les mêmes demandes ?

c) Comment demanderiez-vous ces informations en français ? Comment pourrait-on vous répondre ?

2
💬

a) Qu'aimeriez-vous proposer pour que quelque chose change : dans votre lieu de travail ? / dans votre immeuble ? / dans l'école où vous apprenez le français ? / dans votre ville ?

b) Ecrivez une ou deux propositions. Exemple : JE PROPOSE DE CHANGER DE SALLE.
Faites circuler votre liste.
Votre voisin(e) réagit
et fait passer la liste
à son voisin.

→ Je suis pour.
→ Non ! on est bien ici.
→ Quelle drôle d'idée !
→ Contre.

c) Quelqu'un lit les propositions.
Etes-vous d'accord avec ces phrases ?

3
💬

A donne des ordres. Imaginez comment est A ? Que pourrait répondre B ? Quels gestes, quelles mimiques pourrait faire B ? Lisez les ordres à haute voix. Attention à l'intonation !

MADEMOISELLE, VOUS ME TAPEZ CETTE LETTRE POUR 5 HEURES.

BIEN, MONSIEUR.

Exemple :

EST-CE QUE VOUS VOUDRIEZ ALLER ME CHERCHER LE COURRIER, S'IL VOUS PLAÎT ?

A

BIEN SÛR...
CERTAINEMENT.
J'Y VAIS.

B1   B2

1 Vous vous taisez maintenant !
2 Vous voulez fermer la fenêtre, s'il vous plaît ?
3 Ça ne vous ennuierait pas d'aller à la poste ?
4 Baisse le son, il est 22 h 30.
5 Plus fort. On n'entend rien.
6 Change le disque ; on ne va pas danser des valses toute la nuit !
7 Vide les cendriers ; ça sent tellement mauvais.
8 Enlevez votre voiture, vous êtes devant mon garage.
9 Enlève cette cravate, elle est horrible.
10 Tais-toi, je n'entends rien.
11 On ne fume pas, Madame, c'est un compartiment non fumeurs.
12 Mesdames, messieurs, nous vous demandons d'attacher vos ceintures.
13 Les visites sont terminées, il faut sortir.
14 Vous allez faire ce bruit toute la nuit ?

4 Conseillez et justifiez.

Exemple : Tu ne veux pas lui acheter cette radio ?

→ *Allons, achète-lui cette radio ;*
il / elle en a tellement envie.

1 Tu ne veux pas lui envoyer une carte ? → Allons, ...
2 Tu ne veux pas lui annoncer la nouvelle ? → ...
3 Tu ne veux pas lui écrire ? → ...
4 Tu ne veux pas lui souhaiter son anniversaire ? → ...
5 Tu ne veux pas lui répéter cette histoire ? → ...
6 Tu ne veux pas lui parler ? → ...
7 Tu ne veux pas lui porter ce livre ? → ...
8 Tu ne veux pas lui téléphoner ? → ...
9 Tu ne veux pas lui trouver un nom à ton chien ? → ...

5 Demandez à quelqu'un de faire quelque chose pour vous.
Vous connaissez bien la personne.

Vous demandez de / d' :
remercier les Maréchal de leur carte. → *Remercie-les de leur carte.*

1 vous ouvrir la porte, vous avez oublié vos clés. → ...
2 bien soigner votre chatte en votre absence. → ...
3 vous commander un thé ; vous allez téléphoner. → ...
4 vous traduire cette lettre. → ...
5 vous conduire au bureau ; vous êtes en retard. → ...
6 vous préparer (à vous et vos invités) quelque
  chose à boire. → ...
7 rapporter sa caméra à Jacques. → ...
8 vous montrer (à vous et à vos amis) un film
  de vacances. → ...
9 vous rapporter des cigarettes. → ...
10 rendre sa clé à Marc. → ...
11 envoyer des fleurs à Marguerite. → ...

Refaites l'exercice par écrit pour la prochaine fois.

6

Avant de commencer votre lettre réfléchissez :
A qui écrivez-vous ?

Regardez la page 74.
Ecrivez pour ...

1 inviter deux personnes à dîner
  le 14.
2 souhaiter son anniversaire à votre
  meilleure amie.
3 remercier un collègue de son
  invitation.
4 demander à un ami de vous renvoyer
  un livre.
5 vous excuser de ne pouvoir
  assister à une fête.

7 Répondez.

Exemples :
Mais essaie donc cette robe.   → *Non, je ne veux pas l'essayer.*
Allons, prends du poisson.   → *Non, je ne veux pas en prendre.*

1 Mais essaie donc cette robe.   → ...
2 Allons, prends du poisson.   → ...
3 Téléphone à Agnès ; elle sera contente.   → ...
4 Propose à Vincent de venir ; il est tout seul.   → ...
5 Tu ne veux pas répondre à Pierre ?   → ...
6 Appelle ta soeur ; elle a téléphoné tout à l'heure.   → ...
7 Ecris à ton père ; c'est son anniversaire.   → ...
8 Invite les Lévêque ; ils ne connaissent personne.   → ...

8 Répondez.

Exemple : Quitter Pierre ? Tu es fou !
  → *Mais si, quitte-le ; il est si ennuyeux.*

1 Inviter les Dupont ? Ah non !   → ...
2 Essayer cette robe ? Elle est horrible.   → ...
3 Raconter ça à Catherine ? Elle ne comprendra rien.   → ...
4 Payer le taxi ? Moi ?   → ...
5 Téléphoner à Agnès ? Elle est à Madrid !   → ...

9 Prêtez-vous facilement ?

On vous demande :	Vous acceptez :	Vous refusez :
Tu me le prêtes ce livre ?	*Bien sûr, prends-le.*	*Non, mes livres, je ne les prête jamais.*
1 ... ta voiture ?		
2		
3		

10 Trouvez des adjectifs que vous pouvez utiliser avec les noms suivants :

pays : → *grand*, _____
ville : → *moderne*, _____
plage : → *belle*, _____
cuisine : → *française, simple*, _____

9

11 Caractérisez votre pays.
Choisissez pour le représenter :

un homme politique
un peintre
un chanteur
un écrivain
un savant
une ville

un paysage
une recette
une fleur, un arbre
un animal
une phrase

Comparez.
Essayez de défendre
votre opinion.

MOI, JE TROUVE QUE LA CUISINE DE MON PAYS EST LA MEILLEURE.

NOUS AVONS LES PLUS BELLES PLAGES.

Vous pourriez dire :

— *Ce chanteur, il est très connu. On le connaît partout à l'étranger.*
— *Tout le monde connaît ...*
— *On dit : "Voir Naples et mourir".*
— *La baie de Rio, tout le monde l'a vue en photo ou au cinéma.*

12 Lisez. Donnez des informations sur vous par écrit.

1 Christine et Bertrand habitent dans deux pièces dans une H.L.M. à Aubervilliers en Seine-Saint-Denis.

Et vous ? ——➤ *J'habite ...* _____

_____

2 Il est né à Paris. Elle au Portugal, à Lisbonne. Elle est venue en France à cinq ans.

Et vous ? ——➤ _____

_____

3 Il travaille chez Renault. Sa femme est dactylo dans une compagnie d'assurances.

Et vous ? ——➤ _____

_____

4 Ils prennent leurs vacances en juillet. Ils les passent au bord de la mer, dans un camping. Ils connaissent l'Espagne, le Portugal, l'Italie. Ils aimeraient retourner au Portugal.

Et vous ? ——➤ _____

_____

9

5 A Noël, ils vont chez les parents de Christine, dans le nord de la
France.

Et vous ? ⟶ _____

_____

6 Le samedi soir, ils reçoivent des amis chez eux. Ils vont parfois
au cinéma ou à Paris, dans la famille de Bertrand.

Et vous ? ⟶ _____

_____

13 Relisez la recette de la mousse au chocolat page 149 et complétez le
texte suivant.

Soufflé au fromage

50 g de beurre	100 g de fromage râpé
4 cuillerées à soupe de farine	2 verres de lait
4 œufs	sel, poivre

Pour quatre personnes : 50 _____ de beurre, quatre cuillerées ____ soupe de farine,

deux _____ de lait, quatre œufs, _____ grammes de fromage râpé, _____ , poivre.

Faites une sauce _____ le beurre, la farine _____ le lait. Salez, poivrez. _____

la sauce est tiède, _____ les jaunes d'œufs _____ les blancs battus en

_____ . Versez dans un moule ____ soufflé beurré et mettez ____ four moyen pendant

quinze _____ . Terminez à four vif _____ dix minutes.

---

14 Pour ne pas oublier les pronoms personnels ...
Quelles questions pourrait-on poser pour obtenir ces réponses ?

Exemple :

Je te l'apporterai demain, j'ai oublié.
⟨ *Tu as pensé à mon livre ?*
⟨ *Tu m'as apporté mon livre ?*

1 J'ai oublié, je lui écrirai demain.
2 Je leur répondrai demain.
3 Je lui enverrai son passeport demain.
4 Je lui redemanderai son numéro de téléphone demain.
5 Je leur téléphonerai demain.
6 Je te l'achèterai demain.
7 Je te la rendrai demain.
8 Je lui paierai sa facture demain.

10

1   Ecoutez encore une fois le texte a10, page 150. Notez tous les verbes.
Demandez à votre professeur d'arrêter régulièrement la cassette.

Exemples : *lève - prends* _____

_____

_____

_____

_____

2   Utilisez les verbes notés à l'exercice 1 et complétez.

Exemple : *Elle se lève* à six heures.

_____ le petit déjeuner.

_____ avec le chien.

_____ son bain.

_____ de la maison vers sept heures.

_____ à dix kilomètres de la gare.

_____ le train à sept heures.

_____ à Austerlitz vers neuf heures.

_____ le train d'Orsay.

_____ à la gare d'Orsay.

10

3 Posez des questions. A qui pouvez-vous poser ces questions ?
A quelqu'un que vous connaissez bien ? pas très bien ?

	bien	pas très bien
Exemple : Oui, je me lève à six heures, tous les matins. ⟶ *Tu te lèves à quelle heure ?*	+	

1 Pour aller travailler, je prends le train. ⟶ ...
2 En général, je prends mon bain le soir. ⟶ ...
3 Nous avons une heure pour déjeuner. ⟶ ...
4 On vient me chercher en voiture. ⟶ ...
5 Le soir, je ne sors pas souvent. ⟶ ...
6 J'habite à dix kilomètres de la gare. ⟶ ...
7 C'est à soixante kilomètres de Paris. ⟶ ...
8 Non, ce n'est pas très loin :
   dix minutes à pied. ⟶ ...
9 Je sors deux fois par semaine. ⟶ ...
10 J'arrive à neuf heures à la maison. ⟶ ...

4 Choisissez un jour de la semaine. Indiquez quelques activités, en général, pour un jour de la semaine dernière. Imaginez ce que vous ferez
pendant votre première semaine de vacances.

En général	La semaine dernière (vendredi / samedi /...)	Votre première semaine de vacances
Je me lève à sept heures. *Je déjeune ...* *Je me couche à minuit.*	*Je me suis levée à 7 h 30.*	*Je me lèverai à dix heures.*

5 Regardez l'exercice 5 de l'Unité 8.
Pourriez-vous trouver encore quelques exemples ?

6 Relisez le texte que vous venez d'entendre (d10, page 150). Mettez ce
texte au passé. Ce sont des habitudes de mademoiselle Bu. Quel temps
choisissez-vous ? Pourquoi ?

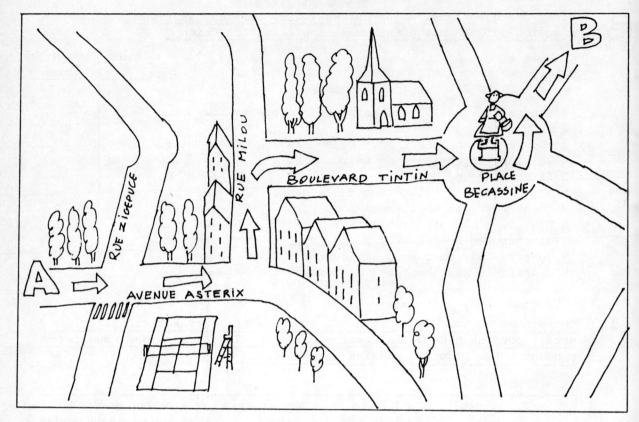

7 Donnez par écrit toutes les indications à une personne pour aller du point A au point B.
Utilisez les verbes suivants :
prendre - continuer - suivre - tourner - traverser - passer - demander.

8 Vous êtes au restaurant. Vous entendez les conversations suivantes.
Comment pouvez-vous deviner le sens des mots soulignés ?

1 - Tu préfères une <u>truite</u> ou du <u>saumon</u> ?
  - Ça m'est égal, j'adore tous les poissons.

2 - Prenez une <u>escalope</u>.
  - Non je ne prendrai pas de viande ; donnez-moi une salade tout simplement.

3 - Ma femme m'a acheté un <u>épagneul</u> pour mon anniversaire.
  - Quelle idée ! Toi, avec un chien !
  - C'est pour ma santé ; je me promènerai avec lui.

4 - J'adore les <u>bouleaux</u>.
  - Moi aussi. Le bouleau, je trouve que c'est un arbre magnifique.

5 - Tu sais que Guy a eu une <u>hémorragie cérébrale</u> ?
  - Guy ? Ah non, je ne savais pas. Il est à l'hôpital ?
  - Oui et c'est assez grave. A trente ans, c'est horrible.

11

1 Regardez les personnages de la page 88.
Imaginez la profession de chacun.
Consultez la liste.
Trouvez d'autres professions.

1 médecin

2 employé(e)

3 avocat(e)

4 journaliste

5 fonctionnaire

6 agriculteur(trice)

7 commerçant(e)

8 infirmier(ère)

9 garagiste

10 vétérinaire

11 postier(ère)

12 ingénieur

13 _____

14 _____

15 _____

16 _____

17 _____

18 _____

Comparez vos résultats.

2

a) Donnez un prénom à chacun des personnages de la page 88.

C = Monique

b) En utilisant les adjectifs de l'exercice e2 page 19, demandez et exprimez une opinion sur les personnages.

Exemple :

- *C = Monique, tu la trouves comment ?*
- *Je la trouve douce, romantique ...*

3 Un jour, vous avez rencontré quelqu'un qui ressemble à l'un des personnages de la page 88. Ecrivez.

C'était qui ?
Vous l'avez rencontré quand ?
Vous l'avez rencontré où ?
Comment était-il / elle ?
Que faisait-il / elle ?
Quels goûts avait-il / elle ?
Quelle était votre opinion sur cette personne ?

4

Société d'installation d'équipements et de construction de fermes souhaite engager

1 dessinateur
ou
technicien en bâtiment
ou
génie civil
Nous demandons des candidats avec si possible de bonnes connaissances ... ... ayant l'esprit d'initiative.

Notre centre de recherche se consa... ...ment des applications de nos résines polymér... ...industrie du ciment et des bétons, à la mise au p... ...e nouvelles formulations correspondant à des app... ...ns spécifiques et à la recherche de solu... ...ncrètes aux problèmes posés par nos clients. ...ur faire face aux développements des projets de... ...ts et pour seconder efficacement le directeur ...notre centre, nous cherchons

un (e) ingénieur
...ssant la formulation et la technologie... ...s et des bétons et connaissant si possi... ...polymères. Notre nouveau (nouvelle) coll... ...able du suiv...

Nous engageons

réviseur
d'ascenseurs pour notre service d'entretien.
...trée tout de suite ou à convenir.

Nous cherchons pour le 1er mai prochain ou date à convenir

un ou une comptable qualifié(e)

traducteur (trice)
de langue maternelle française.

Etablissement médico-social pour personnes âgées cherche

infirmier (ère) assistant (e) - veilleur (se)
ou
aide-infirmier (ère) - veilleur (se)
...aire d'un permis B ou C.

...té:
...tion d'allemand en français...
...és et portant sur les do...

...s:
...e culture générale (dipl...
...alent)
...ssance approfondie du...
...correct et aisé
...ble, activité
...pour ce ger...
...à la collabo...
...osé (e) à c...
...ctionner

EMBAUCHONS VENDEURS (SES) PAR TÉLÉPHONE
DE LIVRES DE LUXE
CONTRAT V.R.P.
Travaux temps partiel : 9/12 h ou 12/15 h ou 16/20 h.
Fichier clientèle existante.

...grès de ...vices de

Entreprise en expansion cherche

ouvrières
Travail agréable ne requérant pas de qualification par...
Horaire: matin 7 à 11 h 30
après-midi à temps...
moyenne 30...
Salaire...

une secrétaire qualifiée
avec expérience, bilingue français-allemand, bonnes connaissances en anglais, poste unique. Travail varié et intéressant dans le cadre d'une grande entreprise sur le plan international.

Restaurant... cherche pour tout de suite

jeune cuisinier
et
jeune pâtissier
Seulement avec permis de travail.

L'a... de... le p...

jardinière d'enfants
(emploi pour une année).

...enfants ...au concours

...us pourriez encore avoir
...offre de service avec les
...accidents, section du

Relevez dans les offres d'emploi des professions :

masculines	féminines
...	...

Y a-t-il des professions où l'on cherche un homme et pas une femme ?
A votre avis, quelles sont les professions où l'on rencontre peu de femmes ?

5

On vous demande des informations. Imaginez des réponses possibles.

Exemple :

Tu n'as pas vu Claire ?

- *Si, je l'ai vue, il y a cinq minutes / il y a une semaine / ce matin.*
- *Non, je ne l'ai pas vue.*
- *Pourquoi ? Tu la cherches ?*

Tu n'as pas retrouvé ta bague ? → ...
Tu n'as pas posté ma lettre ? → ...
Tu n'es pas passée à la banque ? → ...
Tu n'as pas préparé le dîner ? → ...
Tu n'es pas restée chez les Bujol ? → ...

6

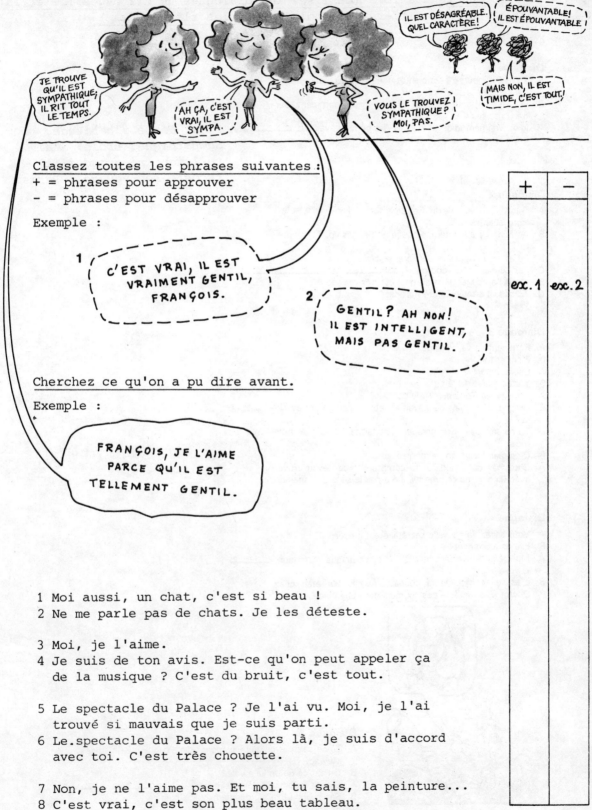

Classez toutes les phrases suivantes :
+ = phrases pour approuver
- = phrases pour désapprouver

Exemple :

Cherchez ce qu'on a pu dire avant.

Exemple :

	+	-
	ex. 1	ex. 2

1 Moi aussi, un chat, c'est si beau !
2 Ne me parle pas de chats. Je les déteste.

3 Moi, je l'aime.
4 Je suis de ton avis. Est-ce qu'on peut appeler ça
de la musique ? C'est du bruit, c'est tout.

5 Le spectacle du Palace ? Je l'ai vu. Moi, je l'ai
trouvé si mauvais que je suis parti.
6 Le spectacle du Palace ? Alors là, je suis d'accord
avec toi. C'est très chouette.

7 Non, je ne l'aime pas. Et moi, tu sais, la peinture...
8 C'est vrai, c'est son plus beau tableau.

11

7 Ecoutez encore une fois (ou lisez les dialogues de c11 pages 150 et 151).
Trouvez une fin différente (indiquée par les flèches ———▶).

Exemple :

Dialogue 1

A Tu as vu l'heure ? Il est bientôt une heure du matin. Je vais me coucher Tu viens ?

B Oui, je viens tout de suite. Tu l'as trouvé comment, Bertrand, ce soir ?

A Idiot, vraiment idiot. Je ne sais pas ce qu'il avait. ——————▶ A *Bien. Comme d'habitude. Sympathique. Drôle. J'ai tellement ri quand il a raconté son voyage à Paris.*

Dialogue 2

A Tiens, j'ai vu Alexandre ce matin, il a vieilli, c'est incroyable !

B Ah bon, il y a longtemps que je ne l'ai pas vu, Alexandre. (...)

B Tu as revu Alexandre dernièrement ?

C Pas dernièrement, pourquoi ? ——————————————▶ ...

B Marie l'a vu hier. Il paraît qu'il est très malade.   ...

C Tu sais, il a toujours été malade.   ...

Dialogue 3

A Comment ça va, Philippe ?

B Bien, et toi ?

A Ça va, à part le temps.

B Y'en a marre du temps.

A Tiens, voilà Godard... Tu le connais ?

B Un peu. Je croyais qu'il avait acheté un garage. Il travaille ———▶ ...
ici ?

A Tu ne sais pas ? Son garage a fait faillite au bout de trois   ...
mois.   ...

B C'est pas facile, en ce moment et...   ...

A C'est pas ça... Godard, tu comprends, ça devait arriver   ...
avec un homme comme lui, il n'a pas le sens des affaires.

Dialogue 4

A Vous savez, la nouvelle secrétaire est arrivée.

B Elle est comment ?

A Moi, je la trouve bien, elle a l'air sympathique. Attention, ———▶ ...
la voilà !   ...

B C'est elle ? Mais je la connais. Avant, elle était chez   ...
Ducrot. Elle ne reste pas six mois dans une place.

Dialogue 5

A Tu ne sais pas ce que j'ai appris ? On a cambriolé Christine Meyrac.

B Qu'est-ce qu'on lui a volé ?

A Elle dit qu'on lui a volé ses bijoux. ——————————————▶ ...

B Ses bijoux ! Elle n'a pas de bijoux, Christine.   ...

11

8

On vous donne des informations.
Par groupes de deux, préparez des phrases
(écrivez-les) pour :
a) exprimer une opinion,
b) demander une autre information.

Exemple : On vous dit :

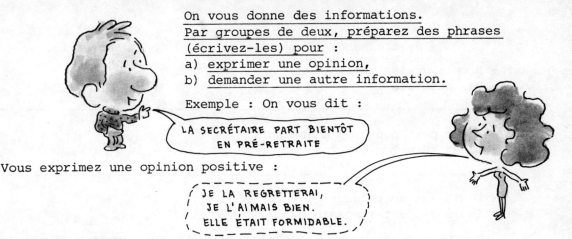

> LA SECRÉTAIRE PART BIENTÔT
> EN PRÉ-RETRAITE

Vous exprimez une opinion positive :

> JE LA REGRETTERAI,
> JE L'AIMAIS BIEN.
> ELLE ÉTAIT FORMIDABLE.

Vous demandez des informations sur :
a) son âge,
b) la durée de son temps de travail
dans l'entreprise,
c) qui la remplacera.

> QUEL ÂGE
> ELLE A ?

> IL Y A LONGTEMPS
> QU'ELLE TRAVAILLE ICI ?

> DEPUIS COMBIEN
> DE TEMPS ELLE EST ICI ?

> ON A ENGAGÉ
> QUELQU'UN ?

> QUI LA
> REMPLACERA ?

1 Mathieu a échoué à ses examens.

  a) Exprimez une opinion négative
sur Mathieu.
  b) Demandez ce que Mathieu fera.

2 Paul a quitté Denise (sa femme).

  a) Exprimez une opinion négative
sur Denise.
  b) Demandez des informations sur :
- le nombre d'enfants.
- les raisons du divorce.
- la durée du mariage.

3 J'ai entendu ce matin à la radio
que les postiers seraient en
grève demain.

  a) Opinion positive : Vous approuvez la grève.
  b) Vous demandez les raisons de la
grève.

4 Robert Le Comte (homme politique)
est mort ce matin.

  a) Opinion très positive sur
R. Le Comte.
  b) Vous demandez des informations
sur les causes de la mort, le
lieu.

11

9   Complétez.

Exemple : - Paul quitte Marseille.
            - Quoi ?
            - *Je t'assure. Il m'a dit qu'il quittait Marseille.*

1 - Nicole arrive demain.
  - Pas possible !
  - _____

2 - Régis part pour les Etats-Unis.
  - Tu es sûre ?
  - _____

3 - Louis est au chômage.
  - Louis ? C'est impossible.
  - _____

4 - Daniel n'a plus de travail.
  - Comment ? C'est vrai ?
  - _____

10   Trouvez des lieux où on peut donner un rendez-vous à quelqu'un .

Exemple : | André t'attend. | ⟶ | Où ? |

➡ *devant l'école* _____   _____   _____

_____   _____   _____

_____   _____   _____

58

11

11 Complétez.

J'avais vingt ans lorsque ... _____

Ce matin, ... _____

Hier, ... _____

La semaine dernière, ... _____

En 1980, ... _____

Le premier mai, ... _____

Avant, ... _____

12 Lisez les textes et remplissez le tableau de la page 61.

① Madame Rouzières a été pendant dix ans une fidèle et excellente collaboratrice dont le travail nous a toujours donné satisfaction. Elle nous quitte librement...

② Elle est entrée. Mon cœur s'est arrêté ; elle était si belle. En une seconde, ma décision était prise : ma nouvelle secrétaire serait ma femme et la mère de mes enfants.

③ Ma mère était une femme d'un immense courage : à la mort de mon père qui était mineur, elle est allée trouver l'Ingénieur en chef de la mine pour lui demander du travail. Elle avait quatre garçons à élever. J'étais l'aîné. Le soir, elle m'a expliqué de sa voix douce que je devais quitter l'école et me mettre à travailler.

④ J'ai revu par hasard Christiane Gallois ; elle a beaucoup vieilli, mais elle est toujours aussi gaie et aussi dynamique. Nous avons décidé de nous revoir plus souvent.

⑤ **CHARME**

UNE « BELLE PROVINCIALE » AVENUE FOCH

...Toute la forte personnalité de cette petite personne volontaire se dessine dans cette anecdote : carrée, non conformiste, fière, drôle. Et terriblement séduisante. (...) ... Quel atout, sans doute, que ces yeux clairs qui, sous la frange noire des cheveux, passent en un instant du gris au bleu puis au vert, du rire à la fureur ! (...)

Curieuse de tout, fonceuse, efficace, charmeuse, passionnée, elle est passée comme une tornade dans plusieurs cabinets de ministres québécois (...)

Nouvel Observateur, n° 2228, 22 mars 1984

⑥ Un dimanche soir, une fille attend l'ascenseur à côté de moi. Elle est grande avec des cheveux châtains qui s'arrêtent au-dessus des épaules. Dans l'ascenseur, elle me parle : « Je crois que nous sommes voisines. » Ah ? « Oui, j'habite l'appartement à côté, sur le même palier que vous. Nous nous croisons souvent ; vous n'avez jamais remarqué ? » Je n'avais jamais remarqué. Nous sommes arrivées. Sur le palier, je sors ma clef de ma poche, je m'apprête à rentrer. Derrière moi elle parle. « Je trouve ça triste d'habiter à côté comme ça et de ne pas se connaître. Vous ne voulez pas venir prendre le thé chez moi ? »

Je n'ose pas refuser. Je bafouille que oui, si elle veut. J'aurais mieux aimé que ce soit un homme qui habite sur le même palier et me propose de prendre le thé. Mais enfin si elle veut. C'est bien ma chance.

J'entre. Dans l'appartement, il n'y a presque rien ; il y a un lit dans un coin et des poufs en plastique transparent par terre et une petite table basse transparente elle aussi. Elle est allée faire chauffer de l'eau, elle revient. « Je m'appelle Lilas Sittingdon. Et vous ? » – « Je m'appelle Isabelle de Santis. » – « C'est un très joli nom, vous avez de la chance. » Et elle, elle a de la chance de s'appeler Lilas ? Je regarde ses yeux ; ils sont verts. Pourquoi ne l'ont-ils pas plutôt appelée Vertu ou Laitue ? Elle parle encore : « Vous voyez, je ne suis pas du tout installée. Je suis ici depuis trois semaines, je suis étudiante, et vous ? » Lilas Sittingdon. Quel nom impossible. Un nom de vieille fille dans un policier. Elle me sert un thé très parfumé, des biscuits qui piquent. Elle continue à parler ; j'ai l'impression qu'elle ne s'arrêtera jamais, qu'elle ne peut plus s'arrêter, que même si on lui mettait la main sur la bouche, elle ne s'arrêterait pas. Elle raconte n'importe quoi, ce qu'elle a vu au cinéma cet après-midi, les gens dans la rue. Elle raconte très bien, c'est amusant. On croirait qu'elle me connaît depuis toujours, elle n'a pas la moindre trace d'embarras. Au moins, elle me dispense de conversation, je n'ai pas d'effort à faire. De temps en temps elle s'arrête quelques secondes, c'est pour me prendre à témoin. Elle veut que j'approuve ce qu'elle dit. Je dis « Oui, oui. » Elle repart.

C. Rihoit, le Bal des débutantes, éd. Gallimard.

29

⑦

Séduction

Comment vous la trouvez, Édith Cresson ? Moi, je l'aime bien, comme ça, de loin, je ne la connais pas personnellement. Elle est agréable à regarder, elle a du charme, elle a du chien.

Extrait de « Sur le vif » de C. Sarraute, dans Le Monde, 6 avril 1984.

11

Texte n°	Quel texte : lettre privée ? commerciale ? roman ? roman photos ? biographie ? presse ?	Relations entre l'auteur et la femme dont on parle dans le texte	On en parle comment ?	
			Opinion sur la femme	Description de la femme
1	_____ _____ _____	_____ _____ _____	____ ____ ____	____ ____ ____
2	_____ _____ _____	_____ _____ _____	____ ____ ____	____ ____ ____
3	_____ _____ _____	_____ _____ _____	____ ____ ____	____ ____ ____
4	_____ _____ _____	_____ _____ _____	____ ____ ____	____ ____ ____
5	_____ _____ _____	_____ _____ _____	____ ____ ____	____ ____ ____
6	_____ _____ _____	_____ _____ _____	____ ____ ____	____ ____ ____
7	_____ _____ _____	_____ _____ _____	____ ____ ____	____ ____ ____

13   Enquête à préparer jusqu'à la fin du cours.
A propos des textes numéros 6 et 7, de l'exercice 12, recherchez dans
la presse des informations sur des femmes qui jouent un rôle politique.
Si vous êtes dans un pays francophone, recopiez quelques phrases clé.
Si vous êtes dans un pays non francophone, traduisez quelques phrases.
En parlant d'un homme qui joue un rôle politique trouverait-on des
adjectifs comme : charmeur, séduisant ?

14   Répondez et justifiez.

Exemple :
A : Tu ne veux pas ouvrir la fenêtre ?
B : ...
A : *Tu as entendu ? Si on ouvrait la fenêtre ?*
B : *Je l'ouvrirais bien, mais il y a tellement de bruit.*

A : Tu ne veux pas sortir ?
B : ...

A : _____

B : _____

A : Mets ta cravate bleue, elle est plus jolie.
B : ...

A : _____

B : _____

A : Il est neuf heures, on ne mange pas ?
B : ...

A : _____

B : _____

A : Vends ta voiture.
B : ...

A : _____

B : _____

A : Pars une semaine, en Normandie par exemple.
B : ...

A : _____

B : _____

12

1

Demandez et répondez.
Utilisez les mots et les expressions de la liste.

des timbres
un dictionnaire
des fruits
l'addition
du jambon
de la salade
le 324 12 00 à Paris
du fromage
des légumes

une bouteille de vin
cet appareil
des billets pour le concert
téléphoner à l'étranger
de la viande
du poisson
de l'essence
des chaussures

Exemples :
Je voudrais des timbres. ———→ *Vous en voulez combien ?*
Des timbres à combien ?

Donnez-moi l'addition. ———→ *Bien Monsieur / Bien Madame.*
Tout de suite Monsieur.

2

Imaginez.
La semaine de trente heures a été décidée. Que feriez-vous de votre temps libre ? Dites-le par écrit.
Votre professeur lit à haute voix les propositions de chacun.
Vous connaissez-vous assez bien pour deviner qui a écrit quoi ?

Exemple : *Le lundi matin, je ne travaillerais pas.*
Le lundi matin, je dormirais.

3

Répondez oralement.
Choisissez une réponse au passé ou au futur.

Exemples :
Prends du fromage.
———→ *J'en ai déjà pris, merci.*

Cherche dans le dictionnaire.
———→ *J'ai déjà cherché.*

Prends des fruits.
———→ *J'en prendrai plus tard.*

Prends du fromage.
Prends des fruits.
Prends de la salade.
Demande l'addition.
Prends de l'essence.
Demande de l'eau.
Appelle le garçon.
Prends ton médicament.

12

4 Le jeu du sac

Choisissez l'un des personnages.
Imaginez ce qu'il y a dans son sac et écrivez la liste.
A tour de rôle, posez-vous des questions et répondez.

Exemple : A : *Vous avez choisi quel personnage ?*
           B : *Le numéro 2.*
           A : *Dans son sac, il y a du lait, ... ?*
           B (regarde sa liste) : *Oui, il y en a.*
                              Non, il n'y en a pas.

5 Relisez le texte numéro 6 page 60.
Relevez les mots et les expressions de lieu.

6 Imaginez. Vous arrivez dans un pays francophone.

a) Vous arrivez où ?   Regardez la page 10.
b) Vous arrivez comment ?
c) Ensemble ou par petits groupes, cherchez ce que vous pouvez dire :

   – à la douane   pour répondre.

   – pour prendre un taxi, le bus,   pour demander ...
      le métro, le train   pour demander l'aide de quelqu'un.

   – à l'hôtel, chez des amis   ...

   – chez le médecin,
      chez le dentiste, à l'hôpital   ...

   – à la police (perte d'objets)   ...

   – chez des francophones   pour parler de vous, de votre pays.

   – dans des magasins   pour acheter des vêtements,
                             des souvenirs ...

   – au téléphone   pour remercier d'une invitation.
                             pour réserver des places pour un
                             spectacle.

12

Relevez les informations importantes.

...ANDE POUR UN VISA DE MOINS DE TROIS MOIS
(à remplir très lisiblement en français)

...agez-vous seul (e) ou avec des membres de votre famille ? ————

...OUI, indiquez leurs noms et prénoms ————

...OTIFS DU VOYAGE ————

...'il s'agit d'une participation à un congrès ou à une manifestation.
...indiquez l'organisateur. le lieu. la date, la durée ————

Consignes création Cofisec

CONSIGNES DE SECURITE

INCENDIE

Gardez votre calme.
Téléphonez au :

Attaquez le foyer au
moyen des extincteurs,
sans prendre de risques.

Si vous êtes bloqué dans
la fumée, baissez-vous.
l'air frais est près du sol.

N'utilisez pas les
ascenseurs ou
monte-charges.

Secours extérieurs les
plus proches.   ou 18.

ACCIDENT

Téléphonez au :

SECTEUR	
Personnels de 1ʳᵉ intervention	Guides d'évacuation

PREVENTION
• Conserver libres les dégagements (couloirs, sorties...)
• N'encombrez pas les extincteurs.
• Fermez portes et fenêtres en quittant votre lieu de travail.

ZONE DE RASSEMBLEMENT

Choisissez un casier muni de la clef

1. Ouvrez le casier et placez vos bagages
2. Mettez la monnaie dans la fente
3. Fermez en appuyant sur la porte et conservez la clé

RETRAIT DES BAGAGES

1. Recherchez le casier portant le numéro de votre clé
2. Conformez-vous aux indications du voyant :

- OCCUPÉ : Ouvrez votre casier
- REPAYEZ : Mettez la monnaie dans la fente et ouvrez votre casier
- S'ADRESSER A LA CONSIGNE : Demandez l'intervention du préposé

Document SNCF

ANIMAUX

Seuls sont admis dans les voitures :
• les animaux familiers de petite taille

DISPOSITIONS DIVERSES

L'accès de toute voiture est interdit aux personnes en état d'ivresse.

Il est interdit à toute personne :

• de faire usage d'instruments de musique ou d'appareils mobiles de diffusion sonore dès lors que le son en est audible par les autres voyageurs.

• de pénétrer dans une voiture ou d'y circuler équipé de patins ou de chaussures à roulettes;

BUS

Documents RATP

voyageurs en situation irrégulière

Article 28

(application de l'ordonnance n° 45-918 du 5 mai 1945 et de l'arrêté interministériel du 30 octobre 1978).

Sont en situation irrégulière les voyageurs sans titre de transport valable dans la zone sous contrôle, c'est-à-dire :

• démunis de titre de transport (sauf dans les cas expressément prévus aux articles 7, 13 et 15).

• ou présentant un titre de transport utilisé dans des conditions non conformes aux dispositions qui en réglementent l'emploi et qui sont précisées sur la présente affiche.

Les voyageurs en situation irrégulière ont la faculté s'ils sont de bonne foi. c'est-à-dire s'il n'y a pas ten-tative de fraude délibérée, d'arrêter toute poursuite en payant immédiatement à l'agent de contrôle une indemnité forfaitaire contre remise d'un bulletin.

Le montant de cette indemnité, arrondi aux cinq francs supérieurs, est calculé sur la base du barème suivant :

Voyageur en situation irrégulière	Métro et RER
en station ou en 2e classe	24 fois "V"
en 1re classe avec un titre de transport valable uniquement en 2e classe	12 fois "V"
en 1re classe sans titre de transport valable	36 fois "V"

"V" est égal à la valeur du billet urbain de 2e classe "métro-autobus" à plein tarif vendu en carnet.

L'indemnité ainsi fixée comprend forfaitairement l'insuffisance de perception préalable.

Les voyageurs en situation irrégulière qui ne sont pas admis à régulariser leur situation par le versement de l'indemnité forfaitaire ou qui, y étant admis, n'en effectuent pas le règlement, sont passibles de pour-suites judiciaires.

8

Ensemble, cherchez, pour chaque demande, plusieurs manières de le dire.
Que pouvez-vous répondre ?
Pouvez-vous "répondre" sans rien dire, en faisant des gestes ?

demander de faire	accepter	refuser		demander une information
1 ouvrir la fenêtre				
2 téléphoner				
3 allumer la télévision				
4 éteindre la radio				
5 passer un objet (le sel, le poivre, un dictionnaire)				
6 ...				

9   On vous indique votre chemin.
Quelles expressions devez-vous comprendre ?

On vous dit :	Où ?
Tournez	
Allez	

12

On vous dit :	Où ?
Continuez	
Prenez	
Faites	

Ecoutez encore une fois le texte 2 de d12.
Pouvez-vous compléter votre liste ?

10 Vous demandez à votre professeur de vous faire écouter l'exercice b11.
Demandez-lui d'arrêter la cassette après chaque phrase.
Notez très rapidement les mots importants.

Exemple :
Je trouve que fumer, c'est dangereux.   *fumer / dangereux*

11 Choisissez un thème (par exemple : l'eau, la femme, l'homme, etc.).
Dictez à votre professeur des mots, des expressions, "tout ce qui vous
passe par la tête". Votre professeur écrit au tableau.

Regardez le tableau. Que pouvez-vous faire de ces mots ?
Les classer ? Les répéter ? Faire un poème ? ...

Exemples :

Mots se rapportant

à des personnes	à des lieux	au temps
J'ai peur.	*sur la plage*	*la nuit*
J'ai mal au dos.	*sous le pont Mirabeau*	

13

1 Avec les mots et expressions suivants, faites des titres de journaux.
Ajoutez les articles, les prépositions et mettez les verbes au futur.

Exemple : Paul Dulon / revenir / Club Saint-Germain
⟶ *Paul Dulon reviendra au Club Saint-Germain.*

1 I.B.M. / prendre / participation / société américaine
2 Président / rencontrer / ne pas / Premier Ministre anglais
3 M. Mitterrand / s'expliquer / politique économique
4 essence / augmenter / 6 centimes / 11 avril
5 M. Villot / se rendre / Cuba / mois prochain
6 manifestations / avoir lieu / 1er mai
7 week-end / Pâques / ne pas pleuvoir

2 Complétez.

Verbe	Personne	Quand ?	
téléphoner	je	*ce soir*	*Je téléphonerai ce soir.*
venir	il	_____	_____
apprendre	nous	_____	_____
travailler	tu	_____	_____
finir	vous	_____	_____
appeler	elles	_____	_____
changer	il	_____	_____
arriver	ils	_____	_____
commencer	tu	_____	_____
conduire	tu	_____	_____
déjeuner	nous	_____	_____
manger	vous	_____	_____
pleuvoir	il	_____	_____

3 Pour ne pas oublier le futur. Comment formez-vous le futur en général ?
Ecrivez les terminaisons des verbes au futur.

_____

Et quel est le futur des verbes suivants ?

1 conduire _____   4 faire _____

2 avoir _____   5 comprendre _____

3 venir _____

68

13

4 Quelles questions peut-on poser pour obtenir les réponses suivantes ?

1 Je viendrai demain.
2 Oui, je crois qu'ils viendront ce soir.
3 J'ai payé mon ordinateur 500 F.
4 Elle vient en avion.
5 Non, je ne m'habille pas ; c'est un dîner très simple.
6 Ça coûtera environ 100 F.
7 Nous ferons cette fête à l'école.
8 Oui, nous pourrions inviter tout le personnel.
9 C'est Paul qui s'en occupera ; il est très fort pour décorer.
10 Nous ne ferons rien payer.
11 On pourrait se retrouver devant l'école.
12 On pourrait faire cette fête à la fin du cours.

5 Lisez le texte
et complétez le tableau.

EN BREF

« Tarzan » saute et se tue

Un enfant âgé de douze ans, réfugié du Laos, s'est tué, lundi 3 avril, dans la soirée, en sautant avec un parachute de sa fabrication, par la fenêtre de sa chambre au neuvième étage d'un immeuble du Pont-de-Claix (Isère).

Vang Heu, resté seul avec sa petite sœur, alors que leur mère s'était absentée, s'est confectionné un parachute avec une chemise et des bouts de ficelle. « Je vais faire Tarzan », a-t-il dit à sa sœur, avant de se lancer dans le vide. L'enfant, qui s'est écrasé sur le sol, est mort dans l'ambulance qui le transportait à l'hôpital.

Le Monde, 5 avril 1984.

Quelles sont les personnes ?	Quelles sont leurs caractéristiques ?	Qu'ont-ils fait ?
Un enfant	âgé ...	s'est tué

6 Lisez les publicités touristiques.

a) Pouvez-vous situer sur la carte de la page 108 la région dont on parle ?

b) Pour chaque publicité, relevez les avantages.

①

LE COCKTAIL DE VOS VACANCES
- sable blanc
- mer bleue
- soleil éclatant

MARINA D'ORU — CORSE

Situé au bord d'une merveilleuse plage de sable fin, le **VILLAGE DE VACANCES MARINA D'ORU** vous propose des locations à la semaine de studios 2/3 pers., mini-villas 4/5 pers., et villas 6/7 pers., entièrement équipés ainsi que tous ses services : bar, restaurant, salle de jeux, animations, boutiques, épicerie, tennis, planches à voile.

PROMOTION : Pour les arrivées du 14-4 au 2-6 et du 8-9 au 20-10, 3 sem. de séjour pour 2 sem. payantes ou 14 jours pour 10 jours payants.

Nob 134

Nouvel Observateur, 13 avril 1984

②

VENCE, COTE D'AZUR,

VUE MER, 255 000 F.*

VIDEO :
Découvrez, chez vous, la vie, le charme, le luxe de l'Orée de Vence, grâce à notre **cassette vidéo**, que vous recevrez sans engagement.

ENTRE NICE ET CANNES,
Un parc plein d'oiseaux, de cigales et de fleurs.
Une très grande piscine,
le calme absolu à 650 m des commerces.
Des appartements largement ouverts
sur de grandes loggias, face au soleil et à la mer.
Studio, 2 et 3 pièces.

Studio 2 personnes, 1re étage cuisine équipée

L'OREE DE VENCE

Veuillez m'adresser sans engagement : votre documentation ☐
votre cassette vidéo ☐
VHS ☐   Betamax ☐   V2000 ☐

Nom ....
Adresse ....
Tél. privé .... Tel. bureau ....   Nob 29/7

QUARTZ   **GREGOIRE PROMOTION.**

Nouvel Observateur, 29 juillet 1984

③

Finistère Sud
Audierne **LES TERRASSES D'AUDIERNE**

Studios et 2 pièces bd Brusq. face à la plage
avec grandes terrasses plein sud

HABITABLES IMMEDIATEMENT

Pour tous renseignements renvoyez ce bon
SOPPEC 46 rue Bassano 75008 PARIS

à partir de 250.000 F

Nom ....
Adresse ....
.... Tel. ....   Nob 198

Nouvel Observateur, 2 septembre 1983

④

METABIEF JURA   *Vos loisirs Hiver-Eté Propriétaire aux pieds des pistes*

Axion Conseil

194000 F

pour un studio 4 personnes, de 23 m2, avec des facilités de financement à taux réduit, des charges locatives très faibles. Ensemble sportif compris : 4 tennis, 1 piscine. Renseignements et documentation gratuite.

Nom ....   Prénom ....
Adresse ....   Tél. ....

scimo

SCIMO, Caisse centrale, place Xavier-Authier, 25370 METABIEF   INob 134

Nouvel Observateur, 13 avril 1984

13

7 Relisez les publicités et indiquez, par écrit, la région que vous choisiriez : Vence ? Les terrasses d'Audierne ? La Corse ? Le Jura ? Justifiez votre choix.

8 Trouvez la cause et la conséquence.

Exemple : *Femmes ne sortent plus seules / peur*

1 Professeur malade / pas de cours
2 Pas de vol Paris-Londres / grève des pilotes
3 Pluie / pas de pique-nique
4 Surpris par un policier / lui tire dessus
5 Piéton à l'hôpital / accident
6 Conducteur en prison / responsable d'un accident

Résultats (conséquence) A ──► B	Cause / Cause A ──► B	Résultats (conséquence)
Ex : *femmes ne sortent plus seules*	*peur*	
1 _____	_____	_____
2 _____	_____	_____
3 _____	*pluie*	*pas de pique-nique*
4 _____	_____	_____
5 _____	_____	_____
6 _____	_____	_____

Faites des phrases complètes.

Exemple : *Les femmes ne sortent plus seules le soir : elles ont peur.*
——► *Les femmes ne sortent plus seules le soir parce qu'elles ont peur.*
——► *Les femmes ont peur, alors elles ne sortent plus seules le soir.*

_____

_____

_____

_____

13

Trouvez les répliques.

donner une information justifier	demander une autre information	donner l'information
Il a échoué à ses examens ; il n'a rien fait.	*Qu'est-ce qu'il fera ?*	*Il ira apprendre l'anglais ou il travaillera.*
1 Je vais me coucher ; ce film est trop ennuyeux.	- ...	- ...
2 Je n'ai pas compris ; c'est trop difficile.	- ...	- ...
3 Je ne pars pas demain ; je n'ai pas eu de place.	- ...	- ...
4 Jacques est à l'hôpital ; ...	- ...	- ...
5 Nous ne prendrons pas de vacances cette année. ...	- ...	- ...

10   Pour la prochaine fois...

Par écrit, donnez votre opinion sur un texte ou une illustration de *Cartes sur table* que vous aimez. Dites pourquoi.
Donnez aussi votre opinion sur un texte ou une illustration que vous n'aimez pas. Dites pourquoi.

14

1   Lisez vos textes (Unité 13, exercice 10).

Corrigez ensemble.

2   Ecrivez.

On y parle français
↓
où ?

Exemple :

Belgique	*En Belgique*
Québec	_____
Guadeloupe	_____
Sénégal	_____
Cambodge	_____
Suisse romande	_____
Martinique	_____
Maghreb	_____
Tunisie	_____
Maroc	_____
Algérie	_____
Mauritanie	_____
Laos	_____
Guinée	_____

On y parle français.

3   Faites des phrases avec les éléments suivants.

Exemple : plat / est / la / pays / un / Belgique

     ⟶ *La Belgique est un pays plat.*

1 le / excellent / est / suisse / chocolat

_____

2 bilingues / Canada / et / sont / pays / la / le / Belgique / des

_____

3 montagnes / viennent / de / en / beaucoup / Suisse / touristes
   à cause des

_____

4 les / magnifiques / du / sont / plages / Sénégal

_____

5 au / mes / passer / Québec / j' / vacances / aimerais

_____

14

4
Q

Regardez la page 114 du livre.
Par groupes de deux, demandez et répondez.

Exemple :
On prend des moules ?

    Bonne idée ! On en prend combien ? Un kilo ?
    Des moules ? On en a pris la semaine dernière.
    On en a mangé dimanche.

1 On achète de la rhubarbe ?
...
...

2 Tu veux du ...
...
...

3 ...

5

Par groupes de deux et à tour de rôle, dictez-vous les nombres suivants.
Si vous hésitez, vous pouvez regarder le bas des pages de *Cartes sur table.*

13 - 30 - 63 - 114 - 11 - 27 - 72 - 59 - 48 - 94 - 83 -
123 - 79 - 97 - 77 - 147 - 157 - 134 - 122 - 36 - 60 - 160

6
Q

Comparez ce que vous faites maintenant et ce que vous faisiez avant.

Exemple :
Vous allez souvent au cinéma ? ——— *Je vais plus souvent au cinéma qu'avant.*

Maintenant,
1 vous lisez beaucoup.
2 vous fumez moins.
3 vous travaillez beaucoup.
4 vous allez moins souvent à la montagne.
5 vous sortez rarement.
6 vous achetez beaucoup de livres.
7 vous achetez peu de revues.
8 vous ne regardez plus beaucoup la télévision.
9 vous prenez l'avion moins souvent.
10 vous dormez beaucoup.

7
Q

Transformez les réponses de l'exercice 6 pour dire ce que vous faisiez avant.

Exemple :
——— *Avant, j'allais moins souvent au cinéma.*

Tous ces verbes sont à l'imparfait.
Pouvez-vous dire pourquoi ?

8 Faites des phrases en utilisant les éléments suivants.

Exemples : travailler (=)   ⟶ *Je travaille autant que Paul.*
           gagner   (-)   ⟶ *Je gagne moins que lui.*
           vacances   (+)   ⟨ *J'ai plus de vacances que lui.*
                                      Je prends plus de vacances que lui.

lire (+)
acheter des journaux (+)   aller souvent au cinéma (=)
parler bien anglais (+)   manger souvent au restaurant (-)
conduire (-)   parler des langues étrangères (-)
faire des kilomètres (-)   fumer (=)

9 Complétez les dialogues par écrit. Regardez bien les indications.

Exemple : - Tu gagnes combien ? ⟶ - Sept mille francs.
                                       - Et Pierre ?
                                       - Six mille francs.
                                       - ...

Exprimez votre étonnement.
          - *Quoi ? Tu gagnes plus que lui ?*

1 - On n'est pas sortis depuis un mois.
  - Qu'est-ce que tu veux ? C'est la vie !
Confirmez:

- ...

2 - On a changé la place des meubles. Tu trouves que c'est bien ?
Exprimez une opinion :

positive - ...

négative - ...

3 - Il est bon ce vin, aussi bon que celui de François.
Exprimez une opinion :

positive - ...

négative - ...

4 - Moi je parle vite ?
Conseillez :

- On ne te comprend pas, ...

5 - Tu n'aimes pas cette robe rouge. Tu préfères la bleue, non ?
Exprimez votre opinion :

- ...

10 Inventez des textes publicitaires.
Dans votre publicité, vous parlez :

des qualités de l'objet	des avantages pour l'utilisateur
La lessive X lave mieux.	*Le linge est plus blanc /*
	plus propre.
_____	_____
_____	_____
_____	_____

11 Regardez et lisez le texte. Regardez la page 115.
Comparez avec les prix d'aujourd'hui.

C'était le bon temps !

Un trois-pièces
près de Paris valait
90 000 Francs,
une R5, 10 960 Francs,
une paire de
chaussures, 40 Francs.
On redoutait d'arriver
à 500 000 chômeurs.
C'était hier, c'était
il y a quinze ans.
C'est si loin...

L'Express, 30 mars 1984.

Doisneau – Rapho

	En France		Dans votre pays
en 1969	en 1981	aujourd'hui	
Une paire de chaussures valait 40 F.	*Elle valait 450 F.*	*Elle vaut*	_____
	_____	_____	_____
Une voiture coûtait	_____	_____	_____
	_____	_____	_____
_____	_____	_____	_____
_____	_____	_____	_____

14

Speech bubbles in the illustration:
- TOUT AUGMENTERA EN JUILLET, PARCE QUE...
- JE CROIS QUE VOUS AVEZ RAISON.
- PAS DU TOUT, ÇA BAISSERA SÛREMENT!
- JE PRENDS DES ANANAS; ILS SONT BIEN FRAIS.
- OUI, ILS SONT SPLENDIDES.
- MOI, JE NE TROUVE PAS.

---

12 Vous pouvez dire pour :

approuver (+)	désapprouver (−)
Je pense comme vous.	Ah non, je ne suis pas d'accord.
Je suis d'accord avec toi.	C'est faux.
Tu as raison.	Pas d'accord.
C'est vrai.	Je ne crois pas.
C'est juste.	Ce n'est pas mon avis.
Je suis de ton avis	Je ne pense pas.

Lisez les phrases. Approuvez (+) ou désapprouvez (−).

1 La Belgique, c'est trop plat. (+)
2 En Suisse aussi, il y a des pauvres. (+)
3 Au Sénégal, il fait trop chaud. (−)
4 Les Québécois sont des gens froids. (−)
5 En Suisse, on mange mieux qu'en France. (+)

Exemple :
- Je ne vais plus en Belgique ; il pleut tout le temps. (−)
- *Là, je ne suis pas d'accord. J'y ai passé un mois, il n'a jamais plu.*

13 Présentez quelqu'un par écrit.
Relevez les éléments nécessaires dans les textes f14, page 152.

Monsieur X est venu à Paris pour faire de la recherche. Il trouve ...

_____

_____

_____

_____

_____

_____

_____

_____

14

14
Q

Vous présentez oralement des personnes.
<u>Utilisez les éléments suivants.</u>

Exemple :
Mme Duval - professeur à la Sorbonne - 10 ans d'enseignement de la lit-
térature - enseignement également au Brésil - a écrit un roman.
→ *Mme Duval, vous êtes professeur à la Sorbonne.*
 Vous enseignez la littérature depuis 10 ans ...

Mme Mathurin - mère de famille - habite Orléans - a décidé de retravailler - recyclage en informatique - parlera de son expérience.

M. Dumont - chauffeur de taxi pendant 20 ans - prend sa retraite -
s'intéresse à la botanique - suit des cours dans une université 3e âge -
a publié ses mémoires.

M. Valentin - 23 ans - Etudes supérieures - chômeur - crée son entreprise avec un ami - Plus jeune P.D.G. de France.

15   <u>Lisez la transcription.</u>
Qu'est-ce qui vous semble caractéristique de la langue orale ?
Récrivez le texte en supprimant toutes les marques de l'oral.

"Je viens de ... faire de la recherche, c'est un peu, si
vous voulez, c'est en même temps un espèce de de stage de
perfectionnement et je suis rattaché à un institut de recherche national en France qui me permet donc de d'avancer
un petit peu là dans mon domaine de dans ma spécialisation.
(...)

- Mais, par exemple, une fois rentré au Québec, imaginez
que vous invitez un ami français, quelles sont les
régions que vous voudriez lui faire visiter et qu'est-ce
que vous voudriez lui faire connaître de la vie canadienne ?

- Ah, en fait, il y a il y a beaucoup de possibilités,
ça dépend évidemment de de ce que veut faire la la
personne en fait si la personne est plutôt attirée par
la enfin par les campagnes, par les grandes étendues,
à ce moment-là, euh ... je l'inviterais à aller euh...
dans la région du lac Saint-Jean ou de visiter la
Côte Nord ou, en fait, bon ... il y a ... ce ne sont
pas les possibilités qui manquent, si la la personne
en fait, veut avoir une idée de de quelques villes qui
sont situées au Québec, Montréal, Québec, euh ... à ce
moment-là, évidemment, je ... ça me ferait plaisir de
lui faire visiter ces villes-là. Donc, euh ... il y a
énormément de possibilités."

15

1 <u>Où en est votre enquête ? (exercice 14 de l'Unité 11).</u>
Pouvez-vous présenter vos résultats ?

2 <u>Individuellement et par écrit, notez :</u>
Qu'avez-vous appris pendant les quatre dernières semaines ?
A votre avis, qu'est-ce qui était très important ?
pas important ?
difficile ?
facile ?

Comparez et discutez.

3 Pourriez-vous, sans consulter la grammaire,
donner les participes passés des verbes suivants :

	oui	non

aller   découvrir
venir   répondre
sortir   savoir
prendre   voir
connaître   vouloir

Pourriez-vous conjuguer ces verbes au futur ?

Pourriez-vous écrire la règle du féminin des noms ?

Pourriez-vous donner le féminin
des adjectifs suivants :

gentil   petit   beau   heureux
doux   sportif   ancien

Pourriez-vous indiquer l'heure très rapidement ?

Pourriez-vous raconter ce que vous avez fait hier ?

Pourriez-vous écrire une petite lettre
pour remercier quelqu'un ?

4 <u>Dans quel but ?</u>
Vous lisez pour ...

Je lis pour oublier.

pour m'informer.

pour me distraire.

...

Vous prenez des vacances pour ...
Je ...
Vous travaillez pour ...
Je ...   pour ...
Vous sortez pour ...
Je ...

15

5

Regardez encore une fois les personnages de la page 88.
Qui pourrait dire les phrases suivantes ?
Comparez vos résultats.

	approuver	désapprouver
1		
2		
3		
4		
5		
6		
7		
8		
9		
10		

1 Moi, j'apprends le français pour mon travail.
Je suis conseiller technique en Afrique.

2 Moi, le français, je le sais déjà.

3 Moi, j'apprends le français pour des raisons privées,
je me marie dans un mois avec un(e) Français(e).

4 Moi j'apprends le français pour comprendre
les films français.

5 Je suis obligé(e) d'apprendre le français,
j'accompagne des touristes francophones.

6 Je suis journaliste. Dans un mois, je pars pour Paris
comme envoyé(e) spécial(e).

7 J'aimerais simplement parler français car je passe
mes vacances en France et je voudrais comprendre
et parler.

8 Je l'apprends parce que mon ami(e) parle français.

9 Je ne sais pas pourquoi je l'apprends.

10 Je veux simplement savoir si ma secrétaire
fait des fautes quand elle écrit des lettres
en français.

6 Donnez votre opinion et justifiez.

Exemples :
Tu préférais ta vieille voiture ?
——→ *Ah oui ! Je la préférais ... elle était plus confortable.*

Tu préférais vivre à la campagne ?
——→ *Ah oui ! J'aimais mieux ... on était plus tranquille.*

1 Tu préférais ta vieille bicyclette ?
2 Tu préférais le docteur Vallon ?
3 Tu préférais sa première femme ?
4 Tu préférais ton vieux manteau ?
5 Tu préférais notre ancien appartement ?
6 Tu préférais ton ancienne secrétaire ?

15

7   <u>Lisez.</u>

Avez-vous d'autres raisons d'aimer les Français ?

Un peu d'air : pour nous rassurer sur nous-mêmes, nous laissons la parole à *Passion*, un journal américain de Paris, qui porte souvent un regard très fin sur la France. *Passion* (1) présente dans son dernier numéro ses vœux aux Français sous la forme d'un article qui énumère trente-huit raisons de nous aimer. En voici dix : les femmes françaises sont plus sexy à trente-cinq ans qu'à vingt-cinq ans. Chaque Français prétentieux vit avec une belle femme qui le trompe. Sigmund Freud n'était pas Français. Les Français n'ont pas gagné de guerre depuis cinquante ans. Ils ne mettent pas de ketchup sur les huîtres. Ils font la révolution quand il fait bon dehors. Voltaire détestait Rousseau. Les politiciens français arrivent à finir leurs phrases. En France, l'impôt sur le revenu s'appelle *contributions* directes. Ce n'est pas parce que les Français mangent beaucoup de yaourt qu'ils prétendent avoir inventé le yaourt.

Allez, Bonne Année !

Actuel, déc. 1982.

15

Hausse du papier

ZURICH (ATS).– L'industrie du papier annonce de nouvelles hausses de prix de l'ordre de 6 à 9 pour cent. Comme le relève dans un communiqué l'office central de fabriques suisses de papier (Papyrus), les grèves qui durent depuis des semaines dans des fabriques de cellulose canadiennes, ainsi que des pertes de production dues aux intempéries, ont provoqué une tension imprévue sur le marché mondial des pâtes.

Feuille d'Avis - Neuchâtel, 3 avril 1984.

CONTINUEZ À LIRE JUSQU'AU BOUT !

CONTINUEZ À LIRE JUSQU'AU BOUT !

MEDIAS

BONJOUR LES DEGATS !

« **U**N verre ça va... trois verres, bonjour les dégâts ! » A peine sortie, cette campagne du Comité français d'éducation pour la santé, réalisée par l'agence Robert & Partners, fait un tabac. Déjà, les parents se cachent pour siroter un petit blanc à l'apéro car les enfants, à la vue d'une bouteille, entonnent en chœur le culpabilisateur : « Bonjour les dégâts ! » Au hit-parade des slogans publicitaires, celui-ci, véhiculé à la fois par d'astucieux spots télévisés et cinématographiques signés Jacques Becker et des affiches expressives de Cabu, casse « la baraque ». Jusqu'à présent, « boire ou conduire, il fallait choisir », on nous apprend enfin à « boire sans déboires ». Tchin-tchin !

Sylvie Milhaud

Le Matin, 21 février 1984

● Cherchez pourquoi le texte a été écrit :
        pour raconter ?
        pour exprimer une opinion ?
        pour décrire ?
        pour informer ?
        pour faire rire ?
        ...

● De quoi parle le texte :
        d'un événement (présent, passé, futur)
        d'une personne (au présent, au passé) ?
        d'un livre / film / .../ ?
        ...

● Qui est l'auteur du texte :
        journaliste ?
        écrivain ?
        lecteur d'un journal ?
        ...

PARIS
16 millions de francs dérobés dans un appartement

Une collection de bijoux de très grande valeur, dont un collier totalisant 48 carats en émeraudes et 76 carats en brillants, un service de table et un service à café en or massif, le tout estimé à 16 millions de francs (1,6 milliards de centimes) ont été dérobés dans le courant de la semaine dernière au domicile d'un riche homme d'affaire grec, Basil Alex Tsakos 70 ans, 16 avenue Montaigne à Paris. Il avait quitté mardi dernier son domicile pour un voyage au Luxembourg et en Suisse en compagnie de sa femme Laura. Un couple de domestiques d'origine portugaise, à leur service depuis le mois d'octobre dernier, gardaient l'appartement. Lorsque, samedi, Laura Tsakos est rentrée chez elle alors que son mari poursuivait son voyage à Londres, les domestiques et les bijoux avaient disparu.

Le Matin, 21 février 1984.

Ne vous arrêtez pas au premier mot inconnu !

Cherchez dans le texte des points grammaticaux, par exemple, les temps du passé, les mots qui indiquent le lieu, le temps ...

Vus de l'extérieur

Parfois je le perds dans le flot intense des voitures, le break bleu tout neuf, et à nouveau je le retrouve...

C'est souvent à cause du chien que je le reconnais : il est debout derrière, sans cesse il agite sa queue.

Un feu rouge nous sépare, une camionnette se met en travers de la rue. Cette fois-ci ce sera pour de bon. Je l'aurai perdu de vue... Mais non ! Sur l'autoroute je l'aperçois de nouveau. Voilà le chien souriant et les enfants qui remuent et puis (je ne peux m'empêcher de sourire) l'essuie-glace de derrière qu'on a mis en marche pour voir, malgré le soleil éblouissant.

Ils ont une telle liberté de mouvement à l'intérieur de leur voiture, tous ces enfants. Ils ont des gestes si souples, on dirait que c'est un peu par hasard qu'ils se trouvent contenus dans les limites d'une carrosserie. En voici un qui fait des acrobaties par-dessus les banquettes. Il était devant, il est au milieu. En trois secondes il est souriant à côté du chien, toujours aussi souriant et ravi de le voir. Partout en mouvement, des bras esquissent dans l'air des arcs gracieux, langoureux... Et voici maintenant des pieds en chaussettes qui frétillent dans l'air.

Au fur et à mesure des kilomètres qui passent, j'assiste à ce ballet silencieux. Tous les aspects négatifs en sont filtrés par les vitres qui nous séparent, par la distance. Et, seule derrière mon volant, j'essaie d'imaginer comment réellement ça doit se passer là-bas devant moi, à l'intérieur du break : « C'est mon tour à moi à côté du chien !... Papa, dis-lui que c'est mon tour à moi ! — Non, c'est le mien, je l'avais dit avant !... Va-t-en ou je te fiche une paire de claques !... »

Mais comme je ne les entends pas, je me sens subitement seule. J'aimerais tellement être parmi eux, dans toute cette gaieté, toute cette chaleur humaine... Et pourtant, au départ de la maison, l'un d'eux m'avait bien proposé de m'accompagner : « Maman, tu vas te sentir seule. »

J'avais dit non, bien sûr. Eh oui, je sais, c'est trop tentant, une voiture neuve achetée le jour même ! Et quel est l'enfant qui monterait bien volontiers dans l'autre, la vieille, celle que je conduis et qui va être vendue là-bas en arrivant ?...

NAOMI MALAN.

Le Monde, 2 octobre 1984.

Qui sont les personnages :
- dans la première voiture ?
- dans la deuxième ?

Quelles sont leurs relations ?

Relevez les verbes au passé composé.

VOUS POUVEZ FAIRE UN PETIT SCHÉMA EN LISANT.

MOUTIER
Un train routier emboutit six voitures

(c) Hier après-midi, vers 13 h 20, un accident de la circulation s'est produit entre Moutier et Roches, au lieu dit Pont-de-Penne. Six véhicules étaient à l'arrêt devant un feu rouge réglant la circulation près d'un chantier. Un train routier est arrivé et, certainement à la suite d'une défectuosité technique, n'a pu freiner à temps et a embouti les six voitures. Trois véhicules sont démolis, les autres fortement endommagés. Les dégâts se montent à 50.000 fr.. et trois personnes sont légèrement blessées. La police cantonale et le groupe accidents de Bienne se sont rendus sur place.

Feuille d'Avis - Neuchâtel, 27 mars 1984.

Pour enrichir le lexique.

Cherchez dans le texte des mots qui se rapportent à un élément du titre.

Devinez le sens d'un mot en relisant le texte.

Un train pour lui seul

STOCKHOLM (ATS/AFP). — Un individu s'est emparé dans la nuit de samedi à dimanche à Stockholm d'un train de banlieue qu'il a conduit pendant 35 km avant de l'abandonner dans une gare.

Selon la « SJ » (« Statens Jaernvaegar »), l'individu a volé un train de banlieue de quatre vagons, tous vides, qu'il a conduit à vive allure atteignant parfois 100 km/h, sur une voie unique de la banlieue sud, alors que le trafic régulier n'était pas encore interrompu !

Seul un concours de circonstances très favorables a évité une collision frontale sur la voie unique entre le train fantôme et une rame du trafic régulier.

Selon les enquêteurs, le voleur de train ne peut être qu'un passionné des chemins de fer ou un ancien employé de la « SJ », parfaitement au courant du fonctionnement des rames de Stockholm.

Feuille d'Avis - Neuchâtel, 3 avril 1984.

Relisez les textes dans quelques jours. Comprenez-vous mieux ?

Corrigés des exercices

3 1 Répéter - 2 Ecouter - 3 Apprendre - 4 Indiquer - 5 Lire - 6 Saluer - 7 Ecrire - 8 Répéter.

5 un oeuf - un pâté - une côte - un filet - un poulet - une escalope - une truite - un filet - un légume - une pomme - un haricot - une salade - un camembert - un yaourt - une tarte - une crème - une glace - une corbeille - une eau - un jus - un lait - une bière - un vin.

8 Saluer le garçon/ le professeur - Répéter les mots/ la grammaire/ les noms/ le français - Ecrire les mots/ la grammaire/ les noms - Comprendre les mots/ la cassette/ le garçon/ la grammaire/ les noms/ le professeur/ la page/ le français - Apprendre les mots/ la grammaire/ les noms/ le tennis/ la page/ le français.

Unité 2

6 1 Elle est riche, intelligente, très jeune. - 2 Elle est belle, romantique et tendre. - 3 Il est brun, affectueux. - 4 Il est brun, sensible et doux. - 5 Il est joyeux, idéaliste et très bon.

7 Il s'appelle Jacques Marchand. Il est Suisse. Il est professeur. Il habite 3 place d'Italie à Genève.

8 1 Oui./ Non./ Pas très bien. - Quel exemple ? - 2 A gauche. / Rue de la gare. - Quelle pharmacie ? - 3 Oui./ Non./ Quel exercice ? - 4 Vous regardez la télévision ? - Oui./ Non. - Et vous ? - 5 Vous écoutez la cassette ? - Oui./ Non. - Quelle cassette ?

9 Réponses possibles : 1 Vous travaillez à quelle heure ? - 2 Vous habitez où ? - 3 Qu'est-ce que vous faites ? - 4 Vous travaillez où ? - 5 Qu'est-ce qu'elle fait ? - 6 Vous parlez / Vous ne parlez pas français ?

10 On remarque la différence singulier / pluriel : ici, un s au pluriel.

11 1 J'apprends le français / le tennis / les mots / le vocabulaire. - 2 Je regarde le professeur / le film / la télévision / Françoise / les bilans. - 3 Je lis les mots / les noms / le livre / les exemples. - 4 J'écris les noms / les exercices / les mots / les réponses / les phrases. - 5 Je répète les mots / l'unité / la question. - 6 Je fais l'exercice. - 7 Je continue l'unité / la phrase. - 8 Je travaille à Paris / à Berne / à la pharmacie. - 9 Je repère les mots français / les phrases / les verbes. - 10 Je comprends les phrases / le professeur / la grammaire.

13 1 Qu'est-ce que vous faites ? - 2 Vous habitez où ? - 3 Vous travaillez où ? - 4 Qu'est-ce que vous remarquez ? - 5 Qu'est-ce que vous écoutez ? - 6 Quel professeur ? - 7 Vous allez où ? - 8 A quelle heure ?

Unité 3

2 Il n'est pas sympathique. Il est antipathique. - Il n'est pas riche. Il est pauvre. - Il n'est pas jeune. Il est vieux. - Il n'est pas joli. Il est laid. - Il n'est pas joyeux. Il est triste. - Il n'est pas intelligent. Il est bête, stupide.

3 Non, je ne viens pas. - Non, je ne comprends pas. - Non, je ne suis pas français. - Non, elle n'est pas jeune. - Non, je ne sais pas. - Non, je ne trouve pas. - Non, il n'est pas sympathique. - Non, je ne lis pas.

4 1 Mais si, c'est français. - Non, ce n'est pas facile. - 3 Non, elle est brune. - 4 Et vous, vous comprenez ? - 5 Elle est de quelle nationalité ? - 6 Mais si. - 7 Elle est à Londres. - 8 Oh si, elle est très jolie.

6 Ah non, je n'aime pas les frites. / les haricots. / le fromage./ les glaces. / le lait. / le poulet. / la salade.

7 Vous voulez du vin ? Vous prenez du vin ? Du vin ? - Vous voulez un fruit ? Une pomme ? Une banane ? Une orange ? - Vous prenez de la salade de tomates ? - De la salade ? - Vous voulez du pâté ? Du pâté ? - Vous prenez du poisson ? Vous aimez le poisson ? Du poisson ? Vous voulez du poisson ? - Vous prenez du fromage ? Du fromage ? Fromage ? - Vous voulez un yaourt ? Un yaourt ?

8 1 Bonsoir madame. - 2 Mon nom est Garnier./ Je m'appelle Françoise. - 3 Vous habitez où ?/ Qu'est-ce que vous faites ?/ Où est la gare, s'il vous plaît ? - 4 Je ne sais pas. / La gare, la gare... ? - 5 A trois heures. / Toujours. / A Londres. - 6 Vous voulez du café ? - 7 Moi aussi. / Oui, donnez-moi du poisson. - 8 Non merci, pas de glace. - Non merci, je ne fume pas.

9

ENTRÉES		
	salade de mois	8,50
	œuf mayonnaise	5,50
	pâté de campagne	11,00

VIANDES	la côte de porc	22,50
	l'ingénieur	33,00
	le poulet de sport	25,00
	l'escalope de veau	31,00
	le bilan des unités	

POISSONS	truite aux cassettes	26,00
	exercices de sole à la crème	31,50
	tous nos avions sont servis avec les verbes :	
	pommes frites, vacances vertes, ou salade	

| FROMAGES | camembert sportif | 9,50 |
| | yaourt intelligent | 3,50 |

DESSERTS	conjugaison aux pommes	11,00
	cinéma caramel	8,00
	pays	10,00
	corbeille de professions	7,50

10 Des hôtels mais pas de clients./ Des clients mais pas d'hôtel. - Des informaticiens mais pas d'ordinateurs. / Des ordinateurs mais pas d'informaticiens. - Des écoles mais pas d'élèves. / Des élèves mais pas d'écoles. - Des idées mais pas d'argent. / De l'argent mais pas d'idées. - Du soleil mais pas de vacances. / Des vacances mais pas de soleil. - Du vin blanc mais pas de vin rouge. / Du vin rouge mais pas de vin blanc.

Unité 4

1 le, la, les, + nom de pays : l'Italie, l'Equateur, les Etats-Unis, la Pologne, l'Autriche, la Norvège, la Hollande, la Yougoslavie. - En, au, aux, + nom de pays : aux Etats-Unis, au Québec, en Argentine, en France, en Equateur, au Canada, en Amérique.

Gloria Cobe est née au Chili. Elle a fait ses études aux Etats-Unis et en Angleterre. Elle est interprète à Rome en Italie. Elle s'est mariée en Espagne. Elle a fait des voyages professionnels au Japon, en Chine, au Canada, au Brésil et au Danemark.

2 Oui, il est allé à ...

3 Tu étais à l'école lundi ? Oui, j'ai fait l'unité 3. / J'ai appris le passé composé. - Tu étais chez Paul dimanche ? Oui, j'ai vu Catherine. / J'ai passé la journée avec Paul. - Tu étais en France l'année dernière ? Oui, j'ai visité Paris. / J'ai vu la Tour Eiffel. / J'ai travaillé à Lyon. - Tu étais à Bruxelles en novembre ? Oui, j'ai fait un voyage touristique en Belgique.

4 Quand ? Tu aimais ? Dans une maison ? Où ? En France ? - Combien ? Quelle marque ? -

Seul(e) ? Où ? C'était bien ? - Pourquoi ? - Où ? Quand ? Pour quoi faire ? Il a aimé ? - Quand ? Avec qui ? Tu ne fais plus de ski ?

6 Que faire ? Relire la phrase ? Demander au professeur ? A votre voisin(e) ? Dictionnaire ?

Propositions : 3 Maintenant, elle est à la banque. - 4 Mais non, il était chômeur. Maintenant, il travaille. - 5 Mais non, elle vivait avec Jacques. Maintenant, elle vit seule. - 6 Mais non, il était conducteur de bus. Maintenant, il travaille dans un garage. - 7 Mais non, elle avait des chats et des chiens. Maintenant, elle a un ami / un perroquet. - 8 Mais non, il était malade. Maintenant, il va bien.

7 - accepte : 1, 6, 8. - refuse : 2, 3, 4, 5, 7.

8 a) infirme → mais / études normalement. Elle refuse / malade. Elle ne peut pas écrire, marcher, prendre un livre seule. b) samedi : pluie - dimanche : beau - lundi : pluie (à nouveau de la pluie, donc averses de samedi = pluie).

Unité 5

1 Verbes avec être : (M.Daniel Aeberhard) s'est jeté - (la vitrine) s'est brisée - (les éclats) se sont répandus - (ce qui) s'était passé - (celui-ci) ne s'est pas arrêté - il est revenu - (les policiers) sont arrivés.
Verbes avec avoir : (le pneu) a éclaté - (le souffle) a fait voler - (le bruit) a été - (je) n'ai pas compris - (j') ai vu - (son conducteur) n'ayant pas dû - (ils) ont cru - (une entreprise) avait fini.

2 Habitudes : Barbara réveillait Arnaud à sept heures. Elle emmenait Arnaud à l'école. Elle prenait le métro pour aller au bureau. Evénements exceptionnels : Barbara a ouvert les yeux. Elle a regardé l'infirmière, la chambre. Le réveil n'a pas sonné. (Ils) sont rentrés à la maison. Il pleuvait. (Barbara) n'a pas vu la voiture. B. a trouvé le bonheur. Le docteur a trouvé l'amour.

4 Les mystères de Paris - Les lumières de la ville - Le fantôme de l'Opéra - Les aventures de Robin des Bois - La vie de Bryan - La femme du boulanger - Les quatre filles du docteur Marsh - Le testament d'Orphée - Les jeux de l'amour - La Chartreuse de Parme - Le crime de monsieur Lange - Les amants de Vérone - Les carnets du major Thompson.

5 Ah non, ce n'est pas son bureau. - Non, ce n'est pas sa chambre. - Mais non, ce n'est pas sa voiture. - Mais non, ce n'est pas son idée. - Mais non, ce n'est pas son médecin. - Mais non, ce n'est pas sa bicyclette. - Mais non, ce n'est pas son argent.

Et maintenant, c'est Paul ... qui fait la vaisselle tous les jours./ qui suit des cours d'anglais./ qui fait les courses tous les jours./ qui écrit beaucoup./ qui va souvent au cinéma./ qui lit beaucoup.

8 Elle n'est pas allée au bureau. - Elle n'a pas déjeuné avec Alain. - Elle n'est pas passée chez Pauline. - Elle n'a pas dîné chez Simon.

9 Non, je n'ai pas entendu. - Non, je n'ai pas su. - Non, je n'ai pas compris. - Non, je n'ai pas vu. - Non je n'ai pas cherché.

Hier / ce matin / à trois heures / à dix-sept heures / à 21 h 45, un avion s'est écrasé sur l'aéroport de Paris. Le temps était couvert / beau. Le ciel était nuageux / le vent, très violent, soufflait d'est en ouest. Les passagers étaient pour la plupart japonais / autrichiens / ... /. L'équipage a échappé à la mort / seul le commandant est sérieusement blessé. Les secours sont arrivés très vite. On croit / pense qu'un réacteur a pris feu.

11 2 Tu te rappelles mai 1968 ? A/B : amis - Tu te souviens de nos vacances en Bretagne ? A/B : mari/femme - ami/amie. - 3 Vous aimez la musique ? A/B : personnes qui ne se connaissent pas très bien. - Tu aimes ça, toi ? A/B : amis/collègues qui se connaissent bien. - parent/enfant. - 4 Tu aimais danser ? A/B : personnes qui se connaissent bien. - 5 Tu n'as pas acheté cet appareil ? A/B : amis/collègues - Vous n'êtes pas allés à cette excursion ? A/B : personnes qui (ne) se connaissent (pas) bien. - 6 Tu n'es pas resté à la montagne ? A/B : se connaissent bien. - 7 C'était comment le concert ? A/B : se connaissent très bien. - 8 Ça vous a plu ? A/B : se connaissent assez bien. - 9 Elle était comment sa femme ? A/B : se connaissent bien. - 10 Alors, ça t'a plu ? A/B : se connaissent bien.

Unité 6

1 1 D'accord. On les invite. / On les invite demain ? / On les invite avec les Dumas ? - 2 Bien sûr, Bernard, on l'invite aussi. / On l'invite avec son amie ? - 3 Ma fille, je l'emmène partout. / Elle ne connaît pas Athènes, alors je l'emmène. - 4 Oui, je l'attends ; elle a peur le soir. / Oui, je l'attends depuis une heure. - 5 Ah oui, on le prend. / Qu'est-ce que tu penses ? On le prend ? - 6 Difficilement, mais je le comprends. / Je le comprends bien, moi. - 7 Je le trouve bon. / Je le trouve trop froid.

Non, on ne les emporte pas. - Non, on ne la prend pas. - Non, on ne la loue pas. - Non, on ne le loue pas.

5 Propositions : 1 Ce soir, je rentre tard. / Il ne faut pas m'attendre pour dîner. / Dans le frigo, il y a du jambon, des haricots,

des yaourts et des fruits. A ce soir./ Je pense arriver vers onze heures. B. 2 M. Racine a laissé un paquet pour vous chez moi. Je suis là, le soir, à partir de dix-neuf heures. Passez le prendre. Bl. 3 Cher(e) Raymond(e), je n'arrive pas le 17 comme prévu, mais le 16. Mon train est à Paris à 22 h 24 ; en effet, je ne prends pas l'avion, mais le train. Je n'ai pas pu avoir de place dans l'avion Madrid - Paris. Affectueusement. Régis

7 Proposition: Impossible rentrer lundi / le 2, grève SNCF. Régis Blanchard

8 Propositions : a)
Monsieur,
L'annonce que vous avez fait paraître dans le Monde du 14 février 1983, a retenu toute mon attention.
Une de mes amies, professeur à l'Université de Grenoble, cherche un studio à Paris car elle est nommée à Paris à partir de novembre. Elle est actuellement en déplacement, c'est pourquoi je réponds à votre offre à sa place. Je vous serais reconnaissant de bien vouloir prendre contact avec moi par téléphone, de préférence le soir au 524 12 66.
Dans l'attente de votre réponse, je vous prie d'agréer, Monsieur, l'expression de mes sentiments distingués.

10 grande ou petite - ronde, carrée ou rectangulaire - ancienne ou moderne - un rez-de-chaussée ou un grenier - un toit ou une terrasse - des arbres ou des fleurs.

11 1 Situation : A la campagne. Comment ? Grande. Beaucoup d'ouvertures (portes, fenêtres). Confortable. Beaucoup de pièces. Chambre des enfants à côté de la chambre des parents. Quoi ? Un grand jardin. Des arbres.
2 Situation : Dans une petite ville. Comment ? Appartement au 2e étage dans maison collective / ouverte / rencontre. Terrasse sur le toit. Salle de sport. Piscine.
3 Comment ? Grande maison ronde. Grandes pièces. Grandes chambres pour les enfants pas à côté de la chambre des parents. Quoi ? Beaucoup d'arbres différents.

12 La situation : dans les Alpes - terrain bord rivière - Maroc - Agadir - à cinq minutes de la plage et du centre commercial - Grèce - bord de mer - Provence - à trente mètres du lac - près de la forêt.
La description : construction moderne - villa meublée tout confort - belle villa - 4 pièces tout confort - belle maison de campagne - garage - jardin - petite piscine - petite maison simple mais confortable - bus-camping - 4 lits.
L'entourage : rivière - arbres - tranquillité - plage - centre commercial - bord de mer - plage privée - jardin - petite piscine - lac - forêt - rivière.

14 Réponses possibles :
1 Je cherche une guitare ancienne.- 2 A vendre encyclopédies neuves. - 3 A louer maison moderne et confortable. - 4 A vendre guitare ancienne, armoire ancienne. - 5 A donner une excellente grammaire d'espagnol. - 6 Croisières internationales toute l'année. - 7 Nous cherchons une jeune assistante médicale. - 8 A donner vêtements taille 38 : robe bleue, chaussures noires. - 9 Nous cherchons une excellente informaticienne. - 10 A vendre superbe chatte tigrée. - 11 A louer une merveilleuse chambre.

18 1 Elle l'a retrouvé hier. - 2 Il a déménagé (il est parti) il y a une semaine. - 3 Il l'a finie hier. - 4 Ils ont fini hier. / Ils l'ont finie hier. - 5 Elle est sortie mercredi. - 6 Elle l'a reçu ce matin. - 7 Ils l'ont acheté la semaine dernière.

Unité 7

1 a) 1 mauvais - 2 très bien - beaucoup - aimait - 3 jeune - agréable - facile à porter - 4 mauvais - ennuyeuse - 5 agréable - sympathiques - 6 c'était quelqu'un - remarquable - 7 pas brillants - 8 le plus engagé - aussi grand - merveilleux - responsables - 9 pas beaucoup aimé - triste - mal habillée - répond à peine - 10 les plus beaux danseurs.

b) Qui ?	Où ?
2 collègue de travail	lettre
3 journaliste / publicitaire	journal / revue publicité
4 critique	journal / revue
5 mari/femme/ami	lettre
6 relation/neveu d'Albert	lettre
7 journaliste	titre de journal
8 journaliste	journal / revue
9 mère / parent(e)	lettre
10 journaliste / publicitaire	journal / affiche

3 1 ce - 2 cet - 3 cette - 4 cette - 5 cette - 6 cet - 7 ces - 8 ce - 9 cette - 10 ce.

4 Oui, je l'ai rencontré cet après-midi. - Oui, je rappelle ce soir. - Oui, je viens cette semaine. - Oui, je suis parti ce matin. - Si, il a quitté Paris cette semaine.

5 1 pourront - 2 connaîtra - 3 viendra - 4 jouera - 5 voteront - 6 accompagnera - 7 irons - 8 chanterai - 9 arrêterez - 10 quitteras.
Ce sont les terminaisons qui permettent de reconnaître les verbes au futur. Infinitif : pouvoir - connaître - venir - jouer - voter - accompagner - aller - chanter - arrêter - quitter.

6 A 11 h 30, j'irai chez le docteur Marmy. - A 13 heures, je déjeunerai avec M. Polet. -

A 15 heures, j'irai à mon cours d'arabe. - A 17 heures, j'irai à la réunion du personnel. - A 20 h 30, j'assisterai à la réunion des parents d'élèves. - Je téléphonerai aux parents de Marc. - J'écrirai à tante Lily. - J'achèterai un cadeau et des billets. - Je téléphonerai ou j'écrirai pour annuler la soirée chez Antoine.

9 Non, je n'en fais plus. - Non, je n'y retourne plus. - Non, je n'en fais plus. - Non, je ne fume plus. - Non, il n'y vient plus. - Non, je ne l'ai plus.

10 1 a) Le dimanche, on ne sort plus. b) Non, j'avais mal à la tête. / Non, je n'avais pas envie de sortir. 2 a) Non, je ne prends plus ma voiture. b) Non, ma voiture est au garage. / Non, j'ai laissé la voiture à ma femme. 3 a) Non, je n'en fais plus. b) Non, on m'a volé ma moto. / Non, je suis resté à la maison. 4 a) Non, on n'en fait plus. b) De temps en temps, mais moins qu'avant. 5 a) A Londres ? Je n'y vais plus. b) Je n'y suis pas allé depuis six mois. 6 a) Non, je ne fais plus d'enregistrement. b) Non, mon magnétophone est cassé. / Non, je n'avais pas de cassette.

11 Nous vous proposons quelques suggestions. Vous pouvez en trouver d'autres.
1. Animateur de spectacle aux spectateurs. Dans une salle de spectacle. Les réactions seront gestuelles. - 2. Peut être un ordre : un(e) passagèr(e) dans une voiture au conducteur. Le conducteur peut accepter : "D'accord." Refuser : "Je ne peux pas." Accepter sans rien dire. Peut être un conseil : "Arrête-toi, tu as assez travaillé.", donné par parents à enfants, mari/femme, à femme/mari, collègue à collègue. Le conseil peut être donné à la maison, au bureau. B peut accepter : "Tu as raison, j'arrête." B peut refuser : "Je ne peux pas, je n'ai pas fini." B peut promettre : "J'arrêterai bientôt." - 3 Ordre donné par un passant à d'autres personnes dans la rue. Les personnes B peuvent agir sans répondre. - 4 A peut donner cet ordre à des voisins dans une salle de spectacle, de cinéma, au cours d'une conférence. B peut accepter sans rien dire ou répondre : "D'accord, excusez-nous." B peut refuser : "Nous parlons très doucement." - 5 A peut être un orateur dans une salle de conférence, un professeur dans une salle de classe. B : l'ensemble du public. La réaction sera d'accepter sans paroles. - 6 Père ou mère à enfant à la maison. C'est un ordre. B accepte : "J'y vais." B refuse : "Non, je n'ai pas sommeil." B promet : "Je te promets, je vais y aller." - 7 A s'adresse à quelqu'un de familier dans un cadre familial ou amical. B accepte : "Tu as raison, je pars." B refuse le conseil : "Non, j'ai le temps." B promet : "Je vais partir, ne t'en fais

pas." – 8 A peut être un patron s'adressant à sa secrétaire / un professeur s'adressant à ses élèves. La réaction de B sera de faire sans rien dire. – 9 A s'adresse à quelqu'un de familier. B réagit sans doute sans rien dire. – 10 A s'adresse à quelqu'un de familier. B accepte : "Je lui écris tout de suite." B refuse : "Ah, non, ça m'embête." B promet : "Je lui écrirai demain." – 11 A peut être un voyageur s'adressant au réceptionniste d'un hôtel. B accepte : "Bien monsieur/madame." – 12 A est un douanier. B un voyageur. B accepte de faire sans rien dire.

13 Viendrons – pourront – passera – sera – restera – recevrons – viendra – arriverons – téléphonerai.

14 1 Les professeurs de l'enseignement supérieur feront grève le 14 mai. – 2 Les passagers du boeing 707 attendront à Orly. – 3 Sylvia Billy chantera au gala des artistes. – 4 Le Comité Olympique choisira la ville de Sarajevo pour les jeux d'hiver 1984. – 5 Le Président américain viendra en France en 1984. – 6 Les chefs de gouvernement se retrouveront en juin à Bruxelles. – 7 Le premier ministre recevra les syndicats.

Unité 8

1 Et toi ? Tu accepterais ? – Et toi ? Tu ne travaillerais plus ? – Et toi ? Tu discuterais ? – Et toi ? Tu mangerais ? – Et toi ? Tu dormirais ? – Et toi ? Tu resterais ?

4 1 Tu ne ferais pas de réservations, toi ? Non, moi, à ta place, je n'en ferais pas. – 2 Tu n'irais pas, toi ? Non, moi, je n'irais pas, je resterais au lit. – 3 Tu ne l'inviterais pas, toi ? ... je ne l'inviterais pas. – 4 Tu ne partirais pas demain, toi ? Non, moi, à ta place, je partirais dimanche. – 5 Tu ne l'attendrais plus, toi ? Non, moi, à ta place, je m'en irais.

6 Propositions :
1 Si, mais elle rentrera plus tard. – Je peux t'aider ? – 2 Mais non, tu as mal regardé ta montre. – 3 Si on allait au cinéma ? / boire un verre au Mistral ? – 4 Non, Jacques vient avec elle.

7 1 La barbe ! / J'aime la pluie. / Alors, on ne sort pas. – 2 Moi aussi. / Pourquoi ? / J'aime quand tu es heureux. – 3 Prends-en. / Quand pars-tu ? / Moi aussi. – 4 C'est moche !/ Qu'est-ce qu'il va faire ? / Depuis quand ? – 5 C'est cher. / Moi, la vidéo, ça ne m'intéresse pas.

9 On peut faire le classement suivant : Homme célèbres (Dumas, Molière,... Dickens, Voltaire...). – Noms géographiques (Amsterdam, Lille, Milan, ...). – Noms abstraits (Arts, Fêtes, Industrie, Avenir, ...). – Noms de fleurs (Roses, Marguerites). – Noms d'animaux (Ours). – Noms qui renseignent sur un monument,

une construction proches (gare, Opéra, Cathédrale, ...).

10 Non, mais j'aimerais bien la voir. – Non, mais j'aimerais bien les connaître. – Non, mais j'aimerais bien l'apprendre. – Non, mais j'aimerais bien l'avoir. – Non, mais j'aimerais bien le lire.

11 Non, mais j'aimerais bien la voir plus souvent, c'est ma meilleure amie. – Tu parles d'eux si souvent. – Je trouve que c'est une belle langue. – Il y a quand même des émissions intéressantes. – On en parle beaucoup. / Il a l'air intéressant.

12 Nicole : Je – J' – m' – j' – m' – me – Je – Je – J' – je – Je – Je – Je – Je – Je. Catherine : Chère – t' – tu – toi – te – t'. Nicole + Catherine : nous – nous. Pierre : l'homme que – le – l' – l' – l'.

Unité 9

3 A est : 1 Autoritaire / sévère. B = Bien / Oui , Monsieur / Madame. Se tait sans rien dire. – 2 Aimable. B = Certainement. – 3 Aimable. B = Non, pas du tout. / J'y vais tout de suite. – 4 Autoritaire. B = Ce n'est pas fort. – 5 Dynamique. B = Tu es sourd ! – 6 Jeune, dynamique. B = C'est tellement drôle, les valses. – 7 Autoritaire. B = Moi, je ne sens rien. – 8 Autoritaire. B = Excusez-moi, Mme / Monsieur ! – 9 Tout dépend de l'intonation gentille / autoritaire. B = Tu trouves ? Moi, je l'aime bien. / Je n'ai pas le temps. – 10 Autoritaire. B = Tu es de mauvaise humeur ! 11 Neutre. B = Excusez-moi, je n'avais pas vu le panneau. – 12 Neutre / aimable. B = geste.–13 Neutre / poli. B = Déjà ? / acceptation sans parole.–14 Autoritaire. B = Pourquoi ? Ça vous dérange ? / Non, on arrête.

4 1 Allons, envoie-lui une carte ; il/elle sera content(e). – 2 Allons, annonce-lui la nouvelle, il/elle sera si heureux(se) / il/elle attend. – 3 Ecris-lui, il/elle est si seul(e)/reçoit si peu de lettres. – 4 Souhaite-lui son anniversaire : tu lui as toujours souhaité. – 5 Répète-lui cette histoire ; il/elle n'a rien entendu. – 6 Parle-lui, il/elle attend. – 7 Porte-lui ce livre, il/elle l'attend. – 8 Téléphone-lui : tu lui as promis de l'appeler. – 9 Trouve-lui un nom, c'est obligatoire.

5 1 Ouvre-moi la porte ; j'ai oublié mes clés. – 2 Ma chatte, soigne-la bien en mon absence. – 3 Commande-moi un thé ; je vais téléphoner. – 4 Traduis-moi cette lettre, s'il te plaît. – 5 Conduis-moi au bureau ; je suis en retard. – 6 Prépare-nous quelque chose à boire, s'il te plaît. – 7 Rapporte-lui sa caméra.

- 8 Montre-nous ton film de vacances. – 9 Rapporte-moi des cigarettes. – 10 Rends-lui sa clé. – 11 Envoie-lui des fleurs.

7 3 Non, je ne veux pas lui téléphoner. – 4 Non, je ne veux pas lui proposer de venir. – 5 Non, je ne veux pas lui répondre. – 6 Non, je ne veux pas l'appeler. – 7 Non, je ne veux pas lui écrire. – 8 Non, je ne veux pas les inviter.

8 1 Mais si, invite-les ; ils sont gentils. – 2 Essaie-la, elle n'est pas si mal. – 3 Raconte-lui, elle comprendra / elle n'est pas si bête. – 4 Paie-le, s'il te plaît ; je n'ai pas d'argent sur moi. – 5 Téléphone-lui, elle sera contente.

10 Pays : petit – grand – immense – moderne – intéressant – lointain. Ville : grande – petite – jolie – ennuyeuse – intéressante – ancienne – moderne – propre – provinciale – universitaire. Plage : belle – grande – sale – propre – ensoleillée – méditerranéenne. Cuisine : simple – bonne – chinoise – nouvelle – bourgeoise.

13 grammes – à – verres – cent – sel – avec – et – Quand – ajoutez – et – neige – à – à – minutes – pendant.

14 1 Tu as écrit à Hugues ? – 2 Tu as répondu aux Marcoux ? – 3 Tu as envoyé son passeport à Jean ? – 4 Tu as noté le nouveau numéro de Martine ? – 5 Tu as téléphoné aux Lambert ? – 6 Tu m'as acheté mon journal ? – 7 Tu ne m'as pas rendu ma clé / ma lettre / ... – 8 Tu as payé la facture de l'électricien ?

Unité 10

1 joue – est – prends – habille – pars – suis – prends – arrive – prends – est – emmène – est – connaissez – ai – traversant – est – voit – traverse – est – est – travaille – arrive – travaille – avons – déjeuner – reprenons – repars – traversant – prendre – est – est – à – a – est serré – est – repars – reprends – rechange – arrive – vient – chercher – rentre – dîner – trouvez – est. – avez. – est – est – ai – sortir – dois – prendre – ai – voir – faut – reste – coucher – habite – veux – sortir – est – est – se coucher – se lever – peut – faire – est.

2 Elle prend – Elle joue – Elle prend. – Elle part – Elle est – Elle prend – Elle arrive – Elle prend – C'est un train qui l'emmène.

3 1 Comment vous faites pour aller travailler ? (–) / Tu vas travailler comment ? En voiture ? (+) – 2 En général, tu prends ton bain quand ? (+)

– 3 Vous avez combien de temps pour déjeuner ? (–) – 4 Comment est-ce que vous rentrez chez vous ? (–) – 5 Vous sortez souvent ? (–) – 6 Tu habites / Vous habitez loin de la gare ? (+) (–) – 7 C'est loin, Paris ? (+) (–) – 8 C'est loin de chez vous / toi ? (–) (+) – 9 Tu sors/ Vous sortez souvent dans la semaine ? (+) (–) – 10 Tu arrives / Vous arrivez à quelle heure à la maison ? (+) (–).

6 levait – prenait – partait – habitait – prenait – arrivait – était – arrivait – était – restait – allait – repartait – était – avait – restait – habitait.

7 Vous traversez la rue Zigépuce. Vous prenez l'avenue Astérix. Vous continuez tout droit et vous tournez à gauche. Vous prenez le boulevard Tintin à droite. Vous suivez le boulevard, vous passez devant une église. Place Bécassine, vous tournez autour de la statue et vous prenez la troisième rue.

8 1 Truite et saumon sont des poissons. – 2 L'escalope, c'est de la viande. – 3 Un épagneul est un chien. – 4 Le bouleau est un arbre. – 5 Une hémorragie cérabrale est en relation avec la santé, c'est grave. Le malade est soigné à l'hôpital.

Unité 11

4 Masculines : dessinateur – technicien en bâtiment ou génie civil – un ingénieur – réviseur – un comptable qualifié – traducteur – vendeurs par téléphone – infirmier – assistant – veilleur – aide-infirmier – veilleur – jeune cuisinier – jeune pâtissier. – Féminines : une ingénieur – une comptable qualifiée – traductrice – vendeuses par téléphone – infirmière – assistante – veilleuse – aide-infirmière – veilleuse – ouvrières – jardinière d'enfants – secrétaire qualifiée.

5 Proposition :
Si, je l'ai retrouvée il y a deux jours./ Non, hélas ! je l'ai vraiment perdue. – Si, je l'ai postée à 13 heures. / Oh ! J'ai oublié ! Je suis désolé(e). – Si, j'y suis passée à 9 heures. / Non, je n'ai pas eu le temps. – Mais si, je l'ai préparé avant de partir / ce matin. / Non, je t'attendais. – Si, j'y suis restée deux heures. / Non, j'étais trop fatiguée.

6 1 (+) 2 (–). J'aime tellement les chats. – 3 (+) 4 (–). Cette musique je la déteste. C'est horrible ! – 5 (–) 6 (+). Hier soir, je suis allé au Palace, le spectacle est vraiment formidable. – 7 (–) 8 (+). Qu'est-ce qu'il est beau ce tableau ! Je crois que c'est le plus beau tableau de Picasso.

7 Propositions :
2 C Non, je ne l'ai pas revu depuis longtemps. / Non, il paraît qu'il a beaucoup vieilli. - 3 B Oui, il travaille dans le même bureau que moi. / Oui, tu ne savais pas ? - 4 A Sympathique. / Elle est très bon chic, bon genre. - 5 A Sa voiture.

9 1 Si, elle m'a écrit qu'elle arrivait demain. - 2 Oui, il m'a dit qu'il partait pour les Etats-Unis. 3 - Si, il m'a dit qu'il était au chômage. - 4 Oui, c'est vrai, il m'a dit qu'il n'avait plus de travail.

10 Sur le quai n°10 - Près du kiosque. - A côté du / Devant le magasin de chaussures. - Sous l'eau. - Dans son bureau.

12 1 lettre commerciale - attestation et références - supérieur (patron) / employée - opinion. - 2 roman-photos - auteur / héroïne - imaginaire - description. - 3 roman biographique ou biographie - fils / mère - opinion. - 4 lettre privée - amitié - description / opinion. - 5 article - journaliste - opinion / description . - 6 roman - auteur / héroïne - imaginaire - description / opinion. - 7 article - journaliste - opinion / description.

14 A Tu as entendu ? Si on sortait ? B Je sortirais bien, mais je suis fatigué. / J'attends un coup de téléphone.-A Si tu mettais ta cravate bleue ? Elle est plus jolie. B Je la mettrais bien, mais je ne la trouve pas.-A Si on mangeait ? B Je mangerais bien, mais je n'ai pas le temps.-A Si tu vendais ta voiture ? B Je la vendrais bien, mais j'en ai besoin / elle est trop vieille.-A Si tu partais une semaine ? B Je partirais bien, mais je n'ai pas d'argent / je n'ai pas le temps / ...

Unité 12

3 J'en ai déjà pris, merci.- Je l'ai déjà demandée. - J'en prendrai plus tard. - J'en ai déjà demandé. - Je l'appellerai plus tard. - Je l'ai déjà pris.

5 A côté de moi - au-dessus des épaules - dans - à côté - sur le même palier - sur le palier - de ma poche - derrière moi - à côté - chez moi - sur le même palier - dans l'appartement - dans un coin - par terre - ici - sur la bouche - au cinéma - dans la rue.

9 Tournez à gauche / à droite. - Allez tout droit / jusqu'à l'église. - Continuez tout droit / devant vous / 100 mètres / une centaine de mètres. - Prenez la première à gauche / à droite / la rue du Midi : l'avenue des Vosges. - Faites 100 mètres / 200 mètres.

10 Adore / mousse au chocolat. - Aime / cuisine française. - Aimerais travailler/ 35 heures. - Préfère / musique classique. - Trouve / exercices faciles. - Préférerais vacances / hiver. - Adore / tennis.

Unité 13

1 1 I.B.M. prendra une participation dans une société américaine. - 2 Le Président ne rencontrera pas le 1er ministre anglais. - 3 Monsieur Mitterand s'expliquera sur sa politique économique. - 4 L'essence augmentera de 6 centimes le 11 avril. - 5 M.Villot se rendra à Cuba le mois prochain. - 6 Des manifestations auront lieu le 1er mai. - 7 Il ne pleuvra pas le week-end de Pâques / Week-end de Pâques : il ne pleuvra pas.

2 Il viendra demain / jeudi / dans un mois. - Nous apprendrons tout à l'heure. - Tu travailleras lundi. - Vous finirez après le dîner. - Elles appelleront dans la soirée. - Il changera demain / la semaine prochaine. Ils arriveront tard. - Tu commenceras après le déjeuner. - Tu conduiras dans cinq minutes / quand tu auras 18 ans.-Nous déjeunerons dans une heure / à 13 heures.-Vous mangerez plus tard. - Il pleuvra bientôt / dimanche.

3 ai, as, a, ons, ez, ont.
1 je conduirai - 2 j'aurai - 3 je viendrai - 4 je ferai - 5 je comprendrai.

4 1 Tu viendras quand ? / Vous viendrez bientôt ? - 2 A ton avis / votre avis / est-ce qu'ils viendront ce soir ? - 3 Vous l'avez payé combien votre ordinateur ? - 4 Vous savez / Tu sais / comment elle viendra ? - 5 Tu t'habilles ? - 6 Pouvez-vous me dire combien ça coûtera ? - 7 Savez-vous où aura lieu la fête ? - 8 Et si nous invitions tout le personnel ? / Que pensez-vous d'inviter tout le personnel ? - 9 Qui s'occupera de la décoration ? - 10 Ça coûtera combien ? / Vous avez fixé le prix ? - 11 Où est-ce qu'on pourrait se retrouver ? - 12 A votre avis, quand est-ce qu'on pourrait faire cette fête ?

5 Personne : un enfant, Vang Heu, l'enfant. - Caractéristiques : âgé de douze ans, réfugié du Laos. Qu'a-t-il fait ? S'est tué en sautant avec un parachute, s'est confectionné un parachute, s'est lancé dans le vide, s'est écrasé, est mort. - Personne : sa soeur. Caractéristiques : (petite) soeur. - Personne : leur mère. Qu'a-t-elle fait ? S'est absentée.

6 a) 1 Le mot "Corse" donne la possibilité de situer la région. - 2 Côte d'Azur, mer, soleil, au bord de la mer, Midi de la France. - 3 Le dessin : on situe cette région en Bretagne. - 4 Le skieur, en Franche-Comté.

b) 1 sable blanc - mer bleue - soleil
éclatant - au bord d'une merveilleuse
plage de sable fin - location à la semaine - studios - mini-villas - villas -
entièrement équipés - tous ses services :
bar, restaurant, salle de jeux, animations, boutiques, épicerie, tennis,
planches à voile. - 2 vue mer - entre
Nice et Cannes - un parc plein d'oiseaux, de cigales et de fleurs - une
très grande piscine - le calme absolu -
à 650 m des commerces - grandes loggias
- face au soleil et à la mer. - 3
Finistère Sud - face à la plage -
grandes terrasses plein sud - habitables immédiatement. - 4 vos loisirs
hiver et été - aux pieds des pistes -
facilités de financement à taux réduit -
charges locatives très faibles - 4 tennis - 1 piscine.

8 1 Le professeur est malade : il n'y aura pas de cours. / Il n'y aura pas de
cours parce que le professeur est malade.
/ Le professeur est malade, alors il
n'y aura pas de cours. - 2 Il n'y a pas
de vol Paris-Londres : c'est la grève
des pilotes. / Il n'y a pas de vol Paris-
Londres parce que c'est la grève des pilotes. / C'est la grève des pilotes,
alors il n'y a pas de vol Paris-Londres.
- 3 La pluie s'est mise à tomber : nous
ne ferons pas de pique-nique. / Nous ne
ferons pas de pique-nique parce que la
pluie s'est mise à tomber. / La pluie
s'est mise à tomber, alors nous ne ferons pas de pique-nique. - 4 Surpris
par un policier, le voleur lui tire dessus. / Parce qu'il a été surpris par un
policier, le voleur lui tire dessus. /
Le voleur a été surpris par un policier,
alors il lui tire dessus. - 5 Un piéton
a été conduit à l'hôpital : il a eu un
accident. / Un piéton a été conduit à
l'hôpital parce qu'il a eu un accident.
/ Un piéton a eu un accident, alors il
a été conduit à l'hôpital. - 6
Le conducteur a été mis en prison : il
est responsable d'un accident. / Le
conducteur a été mis en prison parce
qu'il est responsable d'un accident. /
Le conducteur est responsable d'un accident, alors il a été mis en prison. /
Responsable d'un accident, le conducteur
a été mis en prison.

Unité 14

2 Au Québec - A la Guadeloupe - Au Sénégal
- Au Cambodge - En Suisse romande - A
la Martinique - Au Maghreb - En Tunisie -
Au Maroc - En Algérie - En Mauritanie -
Au Laos - En Guinée.

3 1 Le chocolat suisse est excellent. - 2
Le Canada et la Belgique sont des pays
bilingues. - 3 Beaucoup de touristes

viennent en Suisse à cause des montagnes.
- 4 Les plages du Sénégal sont magnifiques. - 5 J'aimerais passer mes vacances
au Québec.

6 C'est vrai : 1 je lis plus qu'avant. -
2 je fume moins qu'avant. - 3 je travaille plus qu'avant. - 4 je vais moins
souvent à la montagne qu'avant. - 5 je
sors plus rarement qu'avant. / je sors
moins souvent qu'avant. - 6 j'achète
plus de livres qu'avant. - 7 j'achète
moins de revues qu'avant. - 8 je regarde la télévision moins souvent qu'a-
vant. - 9 je prends l'avion moins souvent qu'avant. 10 - je dors plus qu'a-
vant.

7 Avant : 1 je lisais moins. - 2 je fumais
plus. - 3 je travaillais moins. - 4 j'allais plus souvent à la montagne. - 5 je
sortais plus souvent. - 6 j'achetais
moins de livres. - 7 j'achetais beaucoup
de revues. - 8 je regardais la télévision plus souvent. - 9 je prenais l'a-
vion plus souvent. - 10 je dormais moins.

8 Je lis plus que lui. J'achète plus de
journaux que lui. Je parle mieux anglais
que lui. Je conduis moins que lui. Je
fais moins de kilomètres que lui. Je
vais au cinéma aussi souvent que lui. Je
mange moins souvent au restaurant
que lui. Je parle moins de langues
étrangères que lui. Je fume autant que
lui.

9 1 On sort vraiment moins qu'avant ! - 2
Ah oui ! c'est mieux. C'est moins bien ;
j'aimais mieux avant. - 3 A mon avis,
il est meilleur./Ah non, il est moins
bon. - 4 Tu devrais parler moins vite. -
5 Tu as raison, j'aime mieux la bleue.

14 Mme Duval ... Vous avez également ensei-
gné au Brésil. Vous avez écrit un roman.
Mme Mathurin, vous êtes mère de famille.
Vous habitez Orléans. Vous avez décidé
de retravailler. Vous faites un recyclage (vous avez fait ...) en informatique. Vous nous parlerez de votre expérience.
M. Dumont, vous avez été chauffeur de
taxi pendant 20 ans, vous prenez votre
retraite. Vous vous intéressez à la botanique et vous suivez des cours dans
une université du 3è âge. Vous avez publié vos mémoires.
M. Valentin, vous avez 23 ans. Vous
avez fait des études supérieures. Chômeur, vous avez décidé de créer votre
entreprise avec un ami. Vous êtes le
plus jeune P.D.G. de France.

15 Caractéristiques : répétitions, hésita-
tions, reprises, pauses.
Réécriture :
- Je viens faire de la recherche. En
même temps, c'est un stage de perfec-

tionnement car je suis rattaché à un institut de recherche national en France qui me permet d'avancer dans ma spécialisation.
- Une fois rentré au Québec, imaginez que vous invitez un ami français, quelles sont les régions que vous voudriez lui faire visiter et que voudriez-vous lui faire connaître de la vie canadienne ?

- Il y a beaucoup de possibilités mais tout dépend de ce que veut faire la personne ! Si elle est plûtôt attirée par les campagnes, les grandes étendues, alors je l'inviterais à aller dans la région du lac Saint-Jean ou je lui conseillerais de visiter la Côte Nord ; en effet, les possibilités ne manquent pas. Mais si la personne désire se faire une idée de quelques villes québécoises comme Montréal, Québec, je serais heureux de lui faire visiter ces villes.

Unité 15

4 Je prends des vacances pour me reposer / dormir / pour découvrir de nouveaux pays / pour vivre avec ma famille. - Je travaille pour gagner ma vie / ... - Je sors pour me distraire / me changer les idées / oublier / rencontrer des amis / voir des spectacles.

6 1 Ah oui, je l'aimais mieux ... elle était plus légère. - 2 Ah oui, je l'aimais mieux, il était plus doux. - 3 Ah oui, je l'aimais mieux, elle était plus intelligente. - 4 Ah oui, je l'aimais mieux ... il était plus chaud. - 5 Ah oui, je l'aimais mieux ... il était plus ensoleillé. - 6 Ah oui, je l'aimais mieux ... elle était plus rapide.

Imprimé en France par Aubin Imprimeur Ligugé, Poitiers
N° d'édition 05 / N° de collection 14 / N° d'impression L 31189
Dépôt légal, n° 2992-05-1989

15/4660/5